编　委　会

主　编：罗立军　汪家华

副主编：江　君　刘　冰

参编人员（以姓氏笔画为序）：

王静波　古玮玮　朱振玉　张梅花

陈淑林　胡纯华　黄　慧

传统文化与志愿服务实践

CHUANTONG WENHUA YU
ZHIYUAN FUWU SHIJIAN

主　编◎罗立军　汪家华

暨南大學出版社
JINAN UNIVERSITY PRESS

中国·广州

图书在版编目 (CIP) 数据

传统文化与志愿服务实践 / 罗立军，汪家华主编. —广州：暨南大学出版社，2020. 7

ISBN 978 - 7 - 5668 - 2788 - 3

Ⅰ. ①传… Ⅱ. ①罗… ②汪… Ⅲ. ① 志愿者—社会服务—职业教育—教材 Ⅳ. ① C916

中国版本图书馆 CIP 数据核字（2019）第 247157 号

传统文化与志愿服务实践
CHUANTONG WENHUA YU ZHIYUAN FUWU SHIJIAN
主　编：罗立军　汪家华

出 版 人：张晋升
责任编辑：刘碧坚　朱良红
责任校对：刘舜怡　林　琼
责任印制：汤慧君　周一丹

出版发行：暨南大学出版社（510630）
电　　话：总编室（8620）85221601
　　　　　营销部（8620）85225284　85228291　85228292　85226712
传　　真：（8620）85221583（办公室）　85223774（营销部）
网　　址：http: //www.jnupress.com
排　　版：广州尚文数码科技有限公司
印　　刷：广州市穗彩印务有限公司
开　　本：787 mm × 1092 mm　1/16
印　　张：8.75
字　　数：180 千
版　　次：2020 年 7 月第 1 版
印　　次：2020 年 7 月第 1 次
定　　价：38.00 元

前言

QIANYAN

志愿服务作为公共交往的一种方式，其最大的特点是志愿性与公益性，根据中国青年志愿者协会（CYVA）在其章程中的定义，志愿服务是指不为物质报酬，基于良知、信念和责任，自愿为社会和他人提供的服务和帮助。而传统儒学作为一种人学，最重要的功能就在于能提升人关爱社会共同体的生存境界的主动性。探讨儒学与志愿服务之间的基本关系，一方面，有利于走出传统儒学的“游魂”困境，发挥儒学应有的“人文化成”功能；另一方面，为志愿服务真正扎根本土、生生不息培植良好的文化土壤。

一、志于道：志愿服务的精神之源

志愿服务精神代表着奉献、友爱、互助与进步，本质上是一种关怀他者的公共精神，这种精神的源头究竟在哪里呢？应该说，轴心时代各大文明所开辟的人文之光都提供了这种源头，中国的传统儒学也不例外，这集中体现在儒学对于“道”的追求上。

儒学之道的集中表现是“仁德”，仁德又可以具体表现为有仁德的人与有仁德的社会。在这里，有仁德的人与有仁德的社会之间构成一种二元互动关系，儒学的完整表述为“内圣外王”。内圣外王之所以在儒学中是一个真命题，就在于它们有共通的“仁德”，共同表达了完整的儒学之道。立足于“仁德”来观察人自身，其实也就是立足于人本身来观察人、定位人、寻找人之为人的意义之源。就这个意义而言，正如张祥龙所说，儒学的确是一门甘愿做人的学问。也正因为立足于人之为人的“仁德”来建构自身的理论系统，儒学表现出了自身的特有品格。

其一，生活实践性。

这个特点本身也是“中学”与“西学”相较而言所独有的精神，中国人总是能把一种高远的价值与人伦日用结合起来，强调从日常生活中体道、悟道，不离世间的生活实践，实现自身的超世间价值。因此，儒学虽是学，不只是增进理论的知识，更能提升人的生存境界，正如冯友兰先生所说：“为学的目的就是我所说的增加积极的知识，为道的目的就是我所说的提高精神的境界。”儒学自身的发展历史也正体现了生活实践性的不同侧面，如汉代儒学在治国方面对原始儒学的发展，宋明理学在做人方面对原始儒学的重构，都体现了儒学之道具有极强的生活实践性，同时具有极强的治理功能。这种儒学之道的生活实践性，还可以从君子闻道与小人闻道的不同表现中看出来：

传曰：君子之闻道，入之于耳，藏之于心，察之以仁，守之以信，行之以义，出之以逊，故人无不虚心而听也。小人之闻道，入之于耳，出之于口，苟言而已，譬如饱食而呕之，其不惟肌肤无益，而于志亦戾矣。《诗》曰：“胡能有定。”（《韩诗外传》第九卷）

君子闻道，是通过自身的生活实践，内外一以贯之；而小人闻道，只是空谈论说，无益身心，更不能修齐治平。一言以蔽之，小人把道抽离了生活，道也成为一种没有生命力、失去经世致用功能的虚无之道。

其二，公共普世性。

如果说生活实践性是儒释道分享的共同精神，那么，公共普世性则代表了儒学的独有精神。正是这种独特精神，儒学方能被称为真正的大道。公共普世性是指成为与每个人的生活密不可分、如影随形的一部分，区别只在于觉悟与否，而道与佛却不是人本身所必然需要的，它们仅是人生存境遇中的偶在信仰。在《论语》中两则有关隐者的记述正表现了儒的这种独特精神：

长沮、桀溺耦而耕。孔子过之，使子路问津焉。长沮曰：“夫执舆者为谁？”子路曰：“为孔丘。”曰：“是鲁孔丘与？”曰：“是也。”曰：“是知津矣！”问于桀溺，桀溺曰：“子为谁？”曰：“为仲由。”曰：“是鲁孔丘之徒与？”对曰：“然。”曰：“滔滔者，天下皆是也，而谁以易之？且而与其从辟人之士也，岂若从辟世之士哉？”耰而不辍。子路行以告，夫子怃然曰：“鸟兽不可与同群！吾非斯人之徒与而谁与？天下有道，丘不与易也。”（《论语·微子6》）

子路从而后，遇丈人，以杖荷蓧。子路问曰：“子见夫子乎？”丈人曰：“四体不勤，五谷不分，孰为夫子！”植其杖而芸。子路拱而立。止子路宿，杀鸡为黍而食之，见其二子焉。明日，子路行以告。子曰：“隐者也。”使子路反见之。至，则行矣。子路曰：“不仕无义。长幼之节，不可废也；君臣之义，如之何其废之？欲洁其身，而乱大伦。君子之

仕也，行其义也。道之不行，已知之矣！”（《论语·微子7》）

以上第一则故事中，隐者直接质疑了儒家的人生哲学，提出自己“避世”的主张，孔子从人的源初事实给予了有力回击，“避世”的危险在于会丧失人之为人的地位，有沦为与鸟兽同群的危险，正视人群的本真事实，追求人类共同体的有道生活，是人之所以为人的必然选择。在第二则故事中，子路就更具体地从人伦的基本事实对隐者的生活提出了批评，称隐者是“欲洁其身，而乱大伦”，而儒士才是真正行人之义的“君子”。

总而言之，儒从人自身出发寻求一种超验价值，而不是像道和佛那样从现实之外寻求超验价值，因此，儒所提供的意义之源具有普世性。

当然，现代西学经常立足于人的个体视角或整体视角来探讨人的普世性价值，如自由、平等、公平、正义等，但儒学以一种中庸的视角洞察人的本真事实，因此，儒学所探讨的普世性价值既不是个体的，也不是整体的，但又既是个体的也是整体的，它是个体与整体的共生共荣，具有一种真正的公共性。这种公共性可以使人“素其位而行，不愿乎其外。素富贵，行乎富贵；素贫贱，行乎贫贱；素夷狄，行乎夷狄；素患难，行乎患难”，成为“无入而不自得”的君子；这种公共性可以让“万物并育而不相害，道并行而不相悖，小德川流，大德敦化”，成就“天地之大”。总之，这种公共性不是一个基于个体或整体视角的理论预设，它是人的源初事实。

正因为儒的这种公共普世性特点，所以儒家之道，真可谓是“谁能出不由户？何莫由斯道也”（《论语·雍也17》）。也正因为这种特点，每一个儒学家都具有强烈的经世期待，这在儒学的开山祖师孔子那里就表现得十分明显。

阳货欲见孔子，孔子不见，归孔子豚。孔子时其亡也，而往拜之。遇诸涂。谓孔子曰：“来！予与尔言。”曰：“怀其宝而迷其邦，可谓仁乎？”曰：“不可——好从事而亟失时，可谓知乎？”曰：“不可——日月逝矣，岁不我与。”孔子曰：“诺，吾将仕矣。”（《论语·阳货1》）

公山弗扰以费畔，召，子欲往。子路不说，曰：“末之也已，何必公山氏之之也？”子曰：“夫召我者，而岂徒哉？如有用我者，吾其为东周乎！”（《论语·阳货5》）

佛肸召，子欲往。子路曰：“昔者由也闻诸夫子曰：‘亲于其身为不善者，君子不入也。’佛肸以中牟畔，子之往也，如之何？”子曰：“然，有是言也。不曰坚乎，磨而不磷；不曰白乎，涅而不缁。吾岂匏瓜也哉？焉能系而不食！”（《论语·阳货7》）

儒学这种公共普世性的特点也导致了现代社会变迁中的儒学“游魂”问题，传统儒学为了发挥经世致用的功能，已经形成了一整套的政治制度、伦理规范、教化模式等，但随着中国进入现代社会，儒学发挥经世致用功能的载体已经逐渐消失了。因此，植根于现代公共生活变迁的儒学“游魂”问题的确是一个严重的问题，而道与佛从某种意义上来说无关于公共生活，因此，不存在“游魂”问题。

其三，时代灵动性。

如果说生活实践性与公共普世性给志愿服务提供了一种精神之源的理论可能性的话，时代灵动性就把这种理论的可能性变为了一种现实的可行性。因为它表明儒学之道不仅是切中了志愿服务精神的一种超时代的对共同体精神的追求，同时，还具有极强的现实生命力，它能在不同的时代，根据时遇的差异，灵活地发挥体现儒学之道。

正是因为一种“时”的意识，汉代董仲舒实现了对儒学的重大改造，最终，形成了“罢黜百家，独尊儒术”的格局；也正因为一种“时”的意识，宋明理学方成功应对了佛学的挑战，吸收佛道之精华，迎来了儒学的新生命。应该说儒学产生的时代背景也决定了其必然有很多陈腐的时代观念，更何况，汉代走向政治的儒学，经历了近两千年封建专制社会的积淀，里面自然会有很多封建余毒，但这丝毫不损害儒学之道的真精神和鲜活的生命力，这需要我们立足于时代的基点，进行创造性的阐释。

“时”的观念给儒学带来了极强的现实生命力，但“时”的阐释毕竟有一个大前提，那就是社会有德，否则，必然偏离儒学之道的大旨。不管儒学多么具有灵活性，但其对理想德性社会的追求必然会与现实存在一定的距离，因此，在现实性上，即使在儒学一统天下的专制社会，也必然会存在许多满口仁义道德的伪儒，缺少身体力行的真儒。儒学对理想社会的追求更多地体现为一种对文化之道的呵护，简单地说，儒学之道在社会层面表现为一种对文化中国的追求。

在传统社会，政治与社会没有分离，儒学如果不与专制权力结合，进入到意识形态的教化之中，很难有生长的空间。而在现代社会，社会与政治分离，儒学在理论上具备了一块广大的参与到共同体建设的公共空间，那么，何以可能呢？

儒学的“外王”追求一直有一种“内圣”之道的支撑，因此，参与到社会公共空间建设的可能性就在于，通过参与社会建设的志愿者的“内圣”修炼来促进“外王”社会的达成，儒学必须成为志愿者服务的精神之源。这种可能的落实，就需要通过教育的方式成就一批现代的儒士，所谓“百工居肆以成其事，君子学以致其道”（《论语·子张7》）。

二、好于学：志愿服务的成长之基

孔子自谓是一个好学的人，他说："十室之邑，必有忠信如丘者焉，不如丘之好学也。"（《论语·公冶长28》）儒学之所以如此重视"学"的品格养成，与儒学之道的自身特点是密不可分的。道的生活实践性是一个永无止境的过程，道的公共普适性需要人不断地增进修齐治平的功夫，道的时代灵动性也总是提出不同的时代要求。因此，在这里，儒学之道本身是一个开放的结构，无论是仁德君子自身的养成，还是仁德社会的实现，都是一个永恒的探索过程，这必然决定了"学"在儒学中的独特位置，它促成个体与社会双向互动，是趋向"仁道"的一个中介。从这个意义上来说，志愿服务的公益性与自愿性便能获得一个扎实的动力原点，而通过这个原点，志愿服务者也找到了自身的成长之基。

从儒学来看，一个完美人格的养成是需要"学"的。孔子说："由也，女闻六言六蔽矣乎？"对曰："未也。""居！吾语女。好仁不好学，其蔽也愚；好知不好学，其蔽也荡；好信不好学，其蔽也贼；好直不好学，其蔽也绞；好勇不好学，其蔽也乱；好刚不好学，其蔽也狂。"（《论语·阳货8》）同样，一个完美的社会也是离不开学的，这具体体现为历代儒学圣人根据时代形势而进行的经权制作活动，通过这种活动，儒学吸取了丰厚的养料，如法家、道家、佛家等的智慧，实现了进一步的创新，从而适应了时代的发展。在当前古今中西交汇的大时代，儒学应该立足于公共交往的视角，个体从自身先天自足的德性出发，"据于德"，不断滋长、培育自身本有的德性，呵护自身的健康成长。在"据于德"这个基点上，公共交往儒学之学的具体展开应该是"志于道""依于仁""游于艺"的三维立体路径，片面强调某一具体维度，都有可能导致"内圣"与"外王"、"言传"与"身教"以及"理论"与"实践"的割裂，从而失去儒学呵护人之本有德性的真正精神，沦为"小人儒"。

其一，志于道：论道之维。

简单来看，论道之维主要是指对儒学经典的学习，儒学开创者——孔子本身也是很重视经典教育的。但从深层次来看，这种学习究竟是怀抱一种挑刺的态度、祛魅的眼光去学，还是以墨守成规、征圣的态度去学，是我们当前首先需要深入研究的问题。事实上，这两种对经典的学习态度都偏离了儒学"持两用中"的智慧，走向了主客二元的偏执，而正确的态度应该是在对经典的学习过程中，做到"温故而知新"，"那么我们就可以看到：一个古典的思想文本，当越出各种历史性—地域性的教条理解、重新刺入当下现实时，它恰恰就是新；而真正的哲学阅读，实质上就是在重新'温故'中去让新降临，使过去的文本在当下现实中重新显现"（吴冠军《现时代的群学——从精神分析到政治哲学》）。当前，在古今中外的交汇口，具有极强时代性品格的儒学除了需要开展对传统儒学经典的学习外，也离不开对西方经典的学习，这样，才能在体会儒学之道的基础上，打开一个宽阔的时代思想视域，从而，在时代的实践中落实儒学。

其二，依于仁：行道之维。

“论道”打开了儒学的思想视域，但儒学却不仅仅是空头论说的学问，也不是一个理论逻辑演绎的学问，它具有极强的现实实践品格，在这个意义上，儒学之学是离不开行道之维的。“行道”具有双重意义：一方面，深入体会儒学仁道的作用。儒学仁道虽保存在儒学经典之中，但如何让仁道融入人的生命，化性起伪，这需要行道的作用，否则，饱读诗书也只能是一个知识饭囊，尽管吃进了不少书，但食而不化，不能深入理解，也起不到改变身心的作用。另一方面，“仁道”是修己治平的要求，儒学仁道不是拿来斗斗嘴皮子的，它本身是知行合一的，因此，它需要既能成为转变个体的为己之学，也能创造和谐社会，实现儒学的正义观。当然，具体在儒学与志愿服务的关系上，儒学主要为志愿服务提供了一种超验的价值本源，从而也提升了志愿服务者的精神位格，孟子曰：“爱人不亲，反其仁；治人不治，反其智；礼人不答，反其敬。”

其三，游于艺：体道之维。

如何体道，从广义上而言，只要能反躬自问，事事、处处、时时皆可返回体察仁爱之道。这里所讲的体道，主要特指借助诗、书、礼、乐等为载体，体察仁道的内在和谐之乐。孔子很注重礼乐的体道教育，据《论语》记载：陈亢问于伯鱼曰：“子亦有异闻乎？”对曰：“未也。尝独立，鲤趋而过庭，曰：‘学诗乎？’对曰：‘未也。’‘不学诗，无以言！’鲤退而学诗。他日又独立，鲤趋而过庭，曰：‘学礼乎？’对曰：‘未也。’‘不学礼，无以立！’鲤退而学礼。闻斯二者。”陈亢退而喜曰：“问一得三：闻诗，闻礼，又闻君子之远其子也。”

当前，随着社会的变革，诗书礼乐的传统已经从广泛的社会生活中隐退，更多成为一个研究的活化石，那么，如何传承诗书礼乐传统，恢复儒学化人之功能？本人主张在儒家文人的交往层面以及在儒学教育的层面恢复这一传统。从儒家文人的交往层面而言，大力倡导把诗书礼乐作为一种表达的方式，开展各种雅集活动，丰富儒学文人的精神生活。从儒学的教育层面而言，要开设儒学修身课，应该把经典的诵读与诗书礼乐体验教育结合起来，让学生在明理的过程中体会一种儒学之乐。

当然，我们这个时代更多的是一个论说横行的时代，具体展开儒学之学的三维立体路径，就可以反观我们当前文化传承的使命。根据儒学之学的三个维度，我们应着力构建三大志愿服务平台：经典诵读平台、公益实践平台以及素质涵养平台。

三、成于乐：志愿服务的修炼之境

“知之者不如好之者，好之者不如乐之者”，儒学之乐体现为境界的不断提升，心量不断打开的过程，也是一条明明德、亲民、止于至善的永恒实践历程。这种儒学修习所获得的乐趣具有两大特点。

其一，儒学之乐是一种天地境界之乐。

中国现代哲学家冯友兰先生把人分成四种境界，即天地境界、道德境界、功利境界和自然境界。自然境界的人做事根据本能，或依循社会的风俗习惯；功利境界的人只意识到自己的存在，只为自己做事；道德境界的人意识到社会的存在，自己是社会的一员；而天地境界的人超乎社会，领悟到宇宙的存在。（冯友兰《贞元六书》）

从儒学的觉解层次来看，这正是一种天地境界之乐。《韩诗外传》卷二第五章就曾谈到闵子骞受儒学之教，逐步达到此种境界的过程：

闵子骞始见于夫子，有菜色，后有刍豢之色。子贡问曰：“子始有菜色，今有刍豢之色，何也？”闵子曰：“吾出蒹葭之中，入夫子之门，夫子内切瑳以孝，外为之陈王法，心窃乐之。出见羽盖龙旗，旃裘相随，心又乐之。二者相攻胸中而不能任，是以有菜色也。今被夫子之文寖深，又赖二三子切瑳而进之，内明于去就之义，出见羽盖龙旗，旃裘相随，视之如坛土矣，是以有刍豢之色。”《诗》曰：“如切如瑳，如琢如磨。”

孟子曰：“故理义之悦我心，犹刍豢之悦我口。”（《孟子·万章下》）朱熹注曰：“草食曰刍，牛羊是也；谷食曰豢，犬豕是也。”由菜色到刍豢之色的转变，正是闵子骞在孔子门下，切磋琢磨，破除内外矛盾，与天地万物和谐共生，进入儒家天地之境的结果。

其二，儒学之乐是一种“成仁”之乐。

孔子曾经称赞颜回：“贤哉回也，一箪食，一瓢饮，在陋巷，人不堪其忧，回也不改其乐。贤哉回也。”（《论语·雍也 11》）颜回之所以能安贫乐道，根本还在于“仁”，“回也，其心三月不违仁，其余则日月至焉而已矣。”（《论语·雍也 7》）“仁”能沟通天地，所谓“天命之谓性，率性之谓道，修道之谓教”，因此，儒者能体会“成仁”之乐，不管面对任何人生的苦难，都能不怨天尤人，下学上达，乐而忘忧。据《史记·孔子世家》记载，孔子周游列国，推行仁义之道时，就曾“绝粮，从者病，莫能兴”，弟子们都已经“有愠心”，但孔子仍然“讲颂弦歌不衰”。在这里，这种“成仁”之乐表现了一种“知其不可而为之”的刚毅精神，体现为一种“用之则行，舍之则藏”，不曲学阿世、与世苟且的道义品格。

具体在志愿服务的开展过程中，根据开展志愿服务项目的内容难易以及志愿者自身儒学修养的高低，我们可以尝试设计三类不同的儒学志愿服务项目，对应文化传承、主体开显，乃至知行合一这三种不同的儒学修炼之境：

第一，文化传承境界。

从开展的志愿服务项目看，文化传承境界的志愿者主要从事一些推广儒学的教育公益类项目，如在社区开展经典诵读等；从志愿者主体的儒学修养来看，该境界的志愿者初步接触儒学，也阅读了一些基本的儒学文本，如“四书”等，但还没有把这种“知”融合到自身的生活实践，尤其是自身的人生感悟，因此，还只能达到传文的境界。

第二，主体开显境界。

此种境界的人已经由儒学的修习，获得了身心的初步感悟，体会到了儒学为己之学的真谛，君子的主体人格虽然还没有完全确立，但已经是入其门户，自身大人主体境界已经逐步开显出来。达到此种境界的人，已经逐步按照儒学修身、齐家、治国、平天下的目次，逐步开展生活儒学类公益项目，如角色型项目，强调立足自己的位格，扮演好自身的每一个角色，提升角色的境界品格；互助型项目，强调从身边的亲密群体开始，如家庭、亲戚、朋友、乡邻、同学等，自觉开展群体圈子的互助；慈善型项目，公益关怀的对象已经从身边的群体过渡到国家乃至天下，尽自身之力，解社会之难，如参加鲁甸大地震抢险的志愿服务等。

第三，知行合一境界。

从公益主体来看，知行合一境界的志愿者已经完全消除了儒学之学与生活实践的矛盾，进而把儒学真正融入自己的生活实践，打成一片，“从心所欲而不逾矩”。从公益项目来看，主要从事一些公益领袖培育项目与公益创业项目。公益领袖培育项目主要是培养一些能以儒学指导自身公益实践的公益领导者，这些领导者不是简单地参与儒学公益项目，而是自身能真正理解儒学的真精神，自觉设计儒学推广的公益项目，领导公益社团开展儒学公益活动。公益创业项目不限于儒学类公益，它包括了任何社会公益类创业活动，只要是从儒学的视野出发，强调创业者开展公益创业的儒学仁道价值归宿。

编　者

2019 年 6 月

目录

MULU

◎中　编　志愿服务篇◎

◎下　编　项目实践篇◎

上　编

文化历史篇

第一章

唐代以前的慈善事业

第一节 唐代以前慈善事业的特点

“慈善”一词是佛教传入中国以后才出现的，最早出自《魏书卷六十七·崔光传第五十五》：“光宽和慈善，不忤于物，进退沉浮，自得而已。”指对人关怀而有同情心，仁慈而善良。《辞源》解释为“仁慈善良”，如果按照《现代汉语词典》的解释，则是“对人关怀，富有同情心”。

《中国大百科全书》中有相关的“慈善事业”词条，释义是：“从同情、怜悯或宗教信仰出发对贫弱者以金钱或物品相助，或者提供其他一些实际援助的社会事业……带有浓重的宗教和迷信色彩，其目的是为了做好事求善报；慈善者通常把慈善事业看作一种施舍……它只是对少数人的一种暂时的、消极的救济……它的社会效果存有争议。”而《大不列颠百科全书》“慈善基金会”条目的释义是：“一种民间非营利性组织，由捐赠人提供财产并由它自己的职员进行管理，以其收入服务于对社会有益的目的。”《大美百科全书》“慈善事业”条目的释义是：“最悠久的社会传统之一，它借由金钱的捐助和其他服务，来提升人类的福祉。”

从字面上看，慈即“慈悲、慈爱，仁慈”；善即“善良，善意”，具有浓厚的感情色彩。通常，慈善是长辈对晚辈、富人对穷人、强者对弱者的物质给予，属于伦理道德范畴。慈善应是在慈悲心理驱动下的善举，如《左传》曾记载“父慈子孝”。与此同时，《左传·文公十八年》中曾记载“宣慈惠和”。唐代孔颖达为之注疏，云：“慈者，爱出于心，恩被于物也。”[①]综言之，慈善包含两层意思，一是慈悲的心理，二是善举。真正的慈善行为应是一种不附加要求的施舍。在学术研究领域，慈善具有双重含义：传统意义上的慈善，是指政府与社会公众建立在自愿基础上对社会弱势群体的无偿救助行为；现代意义上的慈善，是建立在社会捐献基础之上的民营性社会救助事业，是一种混合型分配方式。[②]目前，学术界较有代表性的观点认为：“慈善是一种社会行为，是指在政府的倡导或帮助与扶持下，由民间的团体和个人自愿组织与开展活动，对社会中遇到灾难或不幸的人，不求回报地实施救助的一种高尚无私的支持与奉献行为。”[③]

尽管“慈善”一词在我国出现得较晚，但是慈善思想、理念和慈善行为，在我国历史上却是源远流长。日本学者吉田久一把“慈善”规定为以仁义为特征的儒教慈善、以爱善或禁欲为特征的基督教慈善和以慈悲为特征的佛教慈善，三者既相通又有差异。[④]可见，在中国的传统思想中，包括儒家仁义学说在内的爱民、助民思想与慈善的含义基本相通。由此看来，中国慈善事业的思想理念不仅可以从佛教教义中去寻找，还应该到中国传统思想宝库中去探求。如《周礼·地官司徒》“以荒政十有二聚万民，一曰散利，二曰薄征，三曰缓刑，四曰弛力，五曰舍禁，六曰去几，七曰眚礼，八曰杀哀，九曰蕃乐，十曰多昏，十有一曰索鬼神，十有二曰除盗贼”[⑤]，周朝的大司徒职掌之一，是“以保息六政养万民：一曰慈幼，二曰养老，三曰振穷，四曰恤贫，五曰宽疾，六曰安富”[⑥]。《礼记·礼运》当中也有“使老有所终，壮有所用，幼有所长，鳏寡孤独废疾者皆有所养”的说法，尤其是儒家思想中提倡“仁政”“仁义”，更是注重对鳏寡孤独残疾者的救济、收养，对贫困、突遭不幸变故者的救助。纵观我国古代历史，慈善理念和行为日益凸显，并表现出鲜明的特色。

史籍记载的慈善救助活动开始于夏代，或由政府推行或在民间自发形成，都对我国古代社会的发展与进步产生了重要的影响。汉唐寺院济贫、赈灾、医疗、戒残杀的长盛不衰，宋代养老扶幼事业的勃兴，元代医疗救助的兴起等，到明清时期民间的慈善群体在中国慈善史上更是首屈一指。

从总体上说，古代社会救助慈善思想可分为人性社会救助慈善思想和理性社会救助慈善思想。人性救助慈善思想是从人的同情心即仁义出发，系因怜悯而进行救助，对此，

---

① 李学勤主编:《春秋左传正义》，北京：北京大学出版社，1999 年，第 579 页。

② 王俊秋:《中国慈善与救济》，北京：中国社会科学出版社，2001 年。

③ 周秋光、曾桂林:《中国慈善简史》，北京：人民出版社，2006 年，第 6 页。

④ [日] 吉田久一:《日本社会事业的历史》，东京：劲草书房，1981 年，第 21 页。

⑤《十三经注疏》整理委员会整理:《十三经注疏》，北京：北京大学出版社，1999 年，第 259 页。

⑥《十三经注疏》整理委员会整理:《十三经注疏》，北京：北京大学出版社，1999 年，第 261 页。

儒、道、佛三家均有所论述与主张；理性社会救助慈善思想是为维护统治地位而施行仁政的慈善思想，它是仁义在政治生活中的运用，统治者与民休息、赈灾救荒等举措都是出于此种目的。我国古代慈善救助行为，主要可分为两种，一种是以政府为主体的社会救济，一种是民间自发的慈善行为。从本质上说，两者都是社会救济，但民间救助行为的主体主要是由个人或社会团体来充当，是对社会保障制度的一种拾遗补阙，属于一种自觉道德的范畴。民间慈善行为更与儒家思想对士人的深刻影响分不开。

基于此，我们界定的“慈善”概念，是基于儒学思想影响下的慈善，是在慈悲的心理驱动下的善举，其主要特点包括：慈善举动是基于受施者的需要而提供金钱或者物品的援助，同时是一种无功利行为，是一种不求回报的善举。值得注意的是，中国古代士人不乏轻财好义者，但他们的行为并非都是我们认为的慈善之举。

如《汉书卷六十六·公孙刘田王杨蔡陈郑传第三十六》记载：“初，恽受父财五百万，及身封侯，皆以分宗族。后母无子，财亦数百万，死皆予恽，恽尽复分后母昆弟。再受訾千余万，皆以分施。其轻财好义如此。”

上例中，杨恽的种种轻财好义的举动毫无疑问是一种无功利的慈悲行为，完全不求回报，与我们今天提倡的慈善行为非常接近。但是受儒家亲疏思想的影响，他所施予的对象范围仍然局限在与自己有血缘伦理关系的亲戚族人之间，更重要的是杨恽分施财物也未必是对对方的一种救济（杨恽的后母能聚财数百万，后母昆弟必然不至于贫困到需要靠杨恽救济），此举仅仅是显示杨恽的轻财而已。

《汉书卷七十一·隽疏于薛平彭传第四十一》记载：“（疏）广既归乡里，日令家共具设酒食，请族人故旧宾客，与相娱乐。……‘顾自有旧田庐，令子孙勤力其中，足以供衣食，与凡人齐。今复增益之以为赢余，但教子孙怠惰耳……又此金者，圣主所以惠养老臣也，故乐与乡党宗族共飨其赐，以尽吾余日，不亦可乎？’”

疏广的这种行为也不算慈善之举，慈善是针对受施者的需要而言，受施者因受天灾或者人祸，贫而不能自存，需要别人的帮助，而施予者自愿为其提供无偿的帮助，这样才符合慈善的真谛。疏广的行为是与族人故旧宾客相娱，并非接济贫困不能自存者，“圣主所以惠养老臣也，故乐与乡党宗族共飨其赐”，疏广顶多是与乡党族人分享物质财富，一同感受皇恩浩荡，而不是慈善行为。

又如《汉书卷六十六·公孙刘田王杨蔡陈郑传第三十六》记载：“万年廉平，内行修，然善事人，赂遗外戚许、史，倾家自尽，尤事乐陵侯史高。”

陈万年的轻财行为则是出于谋求功利的需要，尽管史书给他的评价是“廉平，内行修”，但是他为了贿赂权贵外戚而“倾家自尽”的行为，与我们倡导的慈善行为完全背道而驰。因此，我们认为是否带有功利目的和是否追求回报是区分慈善行为与否的一个分水岭。

一、轻财好义，由亲族及疏者

“轻财好义”是士人实施慈善行为的一个人性前提，而儒家义利观则为士人的轻财好义提供了价值评价尺度。孔子认为：“君子喻于义，小人喻于利。”（《论语·里仁》）又言：“君子义以为上。”（《论语·阳货》）只有君子才能超越眼前的利益而成为道德的典范，甚至将道德与利益的关系进一步提升到对人的生命终极关怀的高度。所谓“志士仁人，无求生以害仁，有杀身以成仁”（《论语·卫灵公》），为追求仁义而不惜付出生命。这也使得后来者在义和利之间抉择时，无不敦诚信义，舍利而取义，所谓“不义而富且贵，于我如浮云”（《论语·述而》）。正是受儒家义利观的熏陶，古代众多儒者大都重义轻利，不言名利，孜孜致力于开展救困扶危的慈善事业。

如《后汉书卷二十四·马援列传第十四》记载：“援年十二而孤，少有大志，诸兄奇之。尝受《齐诗》，意不能守章句，乃辞况，欲就边郡田牧。……后为郡督邮，送囚至司命府，囚有重罪，援哀而纵之，遂亡命北地。遇赦，因留牧畜，宾客多归附者，遂役属数百家。转游陇汉间，常谓宾客曰：‘丈夫为志，穷当益坚，老当益壮。’因处田牧，至有牛马羊数千头，谷数万斛。既而叹曰：‘凡殖货财产，贵其能施赈也，否则守钱虏耳。’乃尽散以班昆弟故旧，身衣羊裘皮裤。”马援幼时“尝受《齐诗》”，儒家思想对他有深远影响，人品高尚，富有同情心，认为所得钱财以能赈济他人为贵，否则就是守财奴。

从社会学的角度及方法论来看，慈善行为即所谓的利他行为，可分三种类型：亲族利他、互惠利他和道德利他。亲族利他型慈善，是指个体对亲族中其他成员的援助行为；互惠利他型慈善，是指基于互惠基础上对他人的援助行为；道德利他型慈善，是指基于纯粹精神慰藉基础上的对他人的援助行为。在此基础上，可以划分出一个利他行为的等级秩序：人们施行援助时总是先考虑血缘亲属、拟血缘的姻亲，再扩展到有地缘关系的宗亲、邻里，然后是朋友、同事，最后是陌生人，而在格外重视宗法家庭和人际关系的中国传统社会中，这一格局表现得尤为明显。

儒家思想的核心是“仁”，孔子认为“仁”就是“爱人”。仁，最初是表现为对父母兄弟的一种爱的意识。“仁者爱人”不是只爱自己的亲属、亲族，而是超越宗法血缘关系和社会等级，推而及于其他社会成员，即“泛爱众”。子曰：“弟子入则孝，出则悌，谨而信，泛爱众，而亲仁。”（《论语·学而》）其意就是将对亲属、亲族和同宗族人的“爱”推广到宗族以外的人们中间去，将对本宗族的关切推广到整个天下。孔子赞同子贡所讲的“博施于民而能济众”，并认为“己欲立而立人，己欲达而达人”（《论语·雍也》）。

“老吾老以及人之老，幼吾幼以及人之幼”，受儒家血缘伦理思想的影响，整个慈善行为的路径表现出非常鲜明的由亲族及疏者，由熟悉者向陌生人扩展的特点。因此，大多数士人的慈善义举都是首先从赈恤宗族、姻亲开始的。仗义施财是慈善之举的人性前提，爱有等差形成了中国慈善的特点。

汉代政府倡导以孝治天下，加之儒学的独尊与繁荣，所以当时对社会救助工作尤为重视。汉代社会救助制度是建立在家庭自保制度之上的，国家只是给予少量的补贴，更多的是给予政策性优惠照顾，使民众富足，增强家庭自保的能力，“它特别注重家庭养老和宗族互助”。

随着战国时期宗法社会结构的瓦解，秦汉社会有一个宗族重建的过程。汉武帝以后的察举制度为累世学经者提供了入仕的途径，累世公卿现象的出现又为宗族的稳定存在与发展提供了制度上的保障。从西汉后期开始，尤其是到东汉后期，随着世家大族的出现，社会生活中的宗族联系逐步加强，“宗族数千家”“宗族万三千余口”等记载不绝于史籍，这说明至少到东汉后期，宗族已成为社会活动中较为重要的单位。到了东汉后期，随着大地主土地所有制的发展和宗族组织的重建，土地所有者往往利用土地以聚集宗族，采用庄园的经营模式，其相对自给自足的特性与宗族在血缘与地缘上的相对封闭性也是相一致的，一个大庄园中往往有多个宗族成员聚居。大庄园经济使得宗族成员在同一区域内生产、消费，族人的经济互助行为，尤其是对族中贫弱者的救恤行为经常发生。此外，宗亲之间还存在着一些共同的经济行为，如《四民月令·十月》就记载“同宗有贫窭久丧不堪葬者，则纠合宗人，共与举之，以亲疏贫富为差，正心平敛，无相逾越，先自竭以率不随”。汉代这样的例子很多，如贤臣苏武也将自己所得赏赐，全部施予昆弟故人，家中没有多余的财物。（《汉书卷五十四·李广苏建传第二十四》）

张汤，虽为一代酷吏，但是“内行修，交通宾客饮食，于故人子弟为吏及贫昆弟，调护之尤厚”。对待自己的门客和故人子弟非常慈善，以至于“汤死，家产直不过五百金，皆所得奉赐，无它赢”（《汉书卷五十九·张汤传第二十九》）。

西汉郇越，山西太原人，“……越散其先人赀千余万，以分施九族州里，志节尤高”（《汉书卷七十二·王贡两龚鲍传第四十二》）。

朱邑，庐江舒县人，年少时曾经在舒桐乡当啬夫，掌管一乡的诉讼和赋税等事务，他处处秉公办事、不贪钱财，廉洁正直，以仁义之心广施于民，乐善好施，深受吏民的爱戴和尊敬。数年后升任太守卒史，朱邑兢兢业业协助太守发展生产，处理日常事务，显示出卓越的才干。汉昭帝时，朱邑被举荐担任大司农。汉宣帝时，升任北海太守。地节四年（公元前 66），朱邑因政绩、品行第一，入任大司农，掌管全国租税、钱谷、盐铁和财政收支，可谓是朝廷重臣。尽管朱邑身为列卿，生活起居仍然十分节俭，每每得到赏赐的财物，都分给乡邻部下，家无余财。（《汉书卷八十九·循吏传第五十九》）

韦彪，字孟达，扶风平陵人，西汉丞相韦贤玄孙，东海太守韦弘曾孙，大司马韦赏之孙，东汉时期官员。韦彪见识广博，“好学洽闻，雅称儒宗……安贫乐道，恬于进趣”，被称为儒学宗师。初举孝廉，官拜郎中，后因病免官，又回乡教授学生，淡泊功名，三辅地区的儒士无不敬仰他。而且韦彪崇尚节俭，好施，所得赏赐俸禄，都分给同族和乡邻，家无余财。（《后汉书卷二十六·伏侯宋蔡冯赵牟韦列传第十六》）

廉范，字叔度，京兆杜陵人，赵将廉颇之后，为蜀郡太守，在蜀数年后，因触法免归乡里。回乡后，廉范“广田地，积财粟，悉以赈宗族朋友”。清正廉明而养民以富，老百姓敬重廉范，为他作《襦袴歌》：“廉叔度 ，来何暮？不禁火，民安作。平生无襦，今五袴。”后世遂用“襦袴歌”作为对官吏惠民德政的称颂。（《后汉书卷三十一·郭杜孔张廉王苏羊贾陆列传第二十一》）

此外还有严畯，字曼才，少时勤学诗、书、三礼，好著文。避乱江东时，与诸葛瑾、步骘齐名，且关系甚密。严峻性格朴直纯厚，对人忠心耿直，常劝人为善，“畯不蓄禄赐，皆散之亲戚知故，家常不充”（《三国志卷五十三·吴书·张严程阚薛传第八》）。

朱桓，字休穆，孙权时为伶姚长官，遇到疾病流行，谷粮稀少时，桓分派官吏，送医问药，分给粮食，士民感戴。“桓轻财重义，赡护六亲，俸禄产业，皆与共分，及桓疾困，举营忧戚。”（《三国志卷五十六·吴书·朱治朱然吕范朱桓传第十一》）

因此，吕思勉在其著作中指出：“让爵，让产，散财，振施之事，以汉世为最多。”①

二、施恩不望报

《史记卷九十二·淮阴侯列传第三十二》中记载了淮阴侯韩信微时家贫不能自给，寄食于亭长家数日，遭亭长妻子嫌弃，后遇到漂母给予食物救济。韩信许诺漂母日后定当重重报答，而漂母回答：“吾哀王孙而进食，岂望报乎？”明确告诉韩信给他食物仅仅是因为同情可怜韩信，并不期待回报。

《后汉书卷七十九·儒林列传第六十九上》记载周防之父周扬“少孤微，常修逆旅，以供过客，而不受其报”。

① 吕思勉：《吕思勉读史札记》，上海：上海古籍出版社，1982 年，第 20 页。

《汉书卷五十八·公孙弘卜式儿宽传第二十八中》记载：卜式，河南人也。以田畜为事，有少弟。弟壮，式脱身出，独取畜羊百余，田宅财物尽与弟。式入山牧十余年，羊致千余头，买田宅。而弟尽破其产，式辄复分与弟者数矣。时汉方事匈奴，式上书，愿输家财半助边。……邑人贫者贷之，不善者教之。……式曰："天子诛匈奴，愚以为贤者宜死节，有财者宜输之，如此而匈奴可灭也。"使者以闻。上以语丞相弘，弘曰："此非人情。不轨之臣不可以为化而乱法。愿陛下勿许。"……式归，复田牧。……岁余，会混邪等降，县官费众，仓府空，贫民大徙，皆仰给县官，无以尽赡。式复持钱二十万与河南太守，以给徙民。

而本传中记载丞相公孙弘，"身食一肉，脱粟饭，故人宾客仰衣食，俸禄皆以给之，家无所余。……元始中，修功臣后，下诏曰：'汉兴以来，股肱在位，身行俭约，轻财重义，未若有公孙弘者也。'"公孙弘也算是一位轻财好义的善者，但是他的俸禄余财都是分施给宾客门下，并非陌生人。因此他不能理解卜式的善举。

可以说，卜式是中国历史上第一位真正的慈善家。他的慈善之举，是基于国家和流民的需要，同时也是完全自愿的、不求回报的无功利行为。但是，由于受儒家思想的影响，卜式的这种不局限于血缘伦理亲族之间的慷慨以及施恩不图回报，甚至拒绝天子封赏的行为，得不到当时人们的理解，连丞相公孙弘都觉得"此非人情"，还疑心卜式的举动令人难以捉摸。

对于这种无功利不求回报的慈善行为，一开始很多人是难以接受的，因为儒家思想强调"爱有等差"，亲疏有别，尤其是对于陌生人的慈善举动，并且行善者不求回报，更令人难以理解。

第二节 唐代以前慈善事业的分类

一、从慈善行为的施予者来分：国家慈善与个人义举

中国历史上自然灾害暴发颇为频繁，两汉时期尤为剧烈。据邓拓先生对《史记》《汉书》《后汉书》的纪、传及五行志的统计，秦汉四百年中，灾患竟达 375 次之多。其中旱灾 81 次，水灾 76 次，地震 68 次，蝗灾 50 次，雨雹灾害 35 次，风灾 29 次，大歉致饥

14 次，疫灾 13 次，霜雪为灾 9 次。①每当灾害发生，百姓流离失所，生活极度贫困，甚至还出现了“人相食”的惨案。时人刘陶上书疾呼“窃见比年以来，粮苗尽于蝗螟之口，杼柚空余公私之求，所急朝夕之餐，所患靡监之事”（《后汉书卷五十七·杜栾刘李刘谢列传》）。面对类似惨状，汉代政府也展开了积极救助。

如《后汉书卷一·光武帝纪第一下》：（六年）辛酉，诏曰：“往岁水旱蝗虫为灾，谷价腾跃，人用困乏，……其命郡国有谷者，给廪高年、鳏、寡、孤、独及笃隆无家属、贫不能自存者，如律……”

三十年五月，大水。赐天下男子爵，人二级，鳏、寡、孤、独、笃隆、贫不能自存者粟，人五斛。

三十一年夏五月，大水。赐天下男子爵，人二级，鳏、寡、孤、独及笃隆、贫不能自存者粟，人六斛。

《后汉书卷二·显宗孝明帝纪》记载：（十八年）夏四月己未诏：……自春以来，时雨不降……赐天下男子爵，人二级，鳏、寡、孤、独及笃隆、贫不能自存者粟，人三斛。

《后汉书卷三·肃宗孝章帝纪》记载：是岁，牛疫。京师及三州大旱，诏勿收兖、豫、徐州田租、刍焆，其以见谷赈给贫人。

据《三国志》《晋书》及南朝四史统计，曹魏下达慈善诏书 5 次，西晋 6 次，东晋 14 次，十六国各政权共 16 次，宋 13 次，南齐 7 次，梁 5 次，陈 5 次。政府慈善活动历朝皆有，次数频繁。

魏晋南北朝是中国慈善事业发展史上的一个重要时期，主要表现在官方主持的慈善事业、个人行为的慈善事业和佛教寺院的慈善事业三个方面。该时期的慈善事业深受佛教思想影响，产生了中国古代已知最早的官私慈善机构——孤独园和六疾馆，施行慈善者遍及社会各阶层，慈善活动形式多样，对当时社会产生了一定的积极作用，对后世具有一定的影响。

“汉代社会保障制度是建立在家庭自保制度之上，国家只是给予少量的补贴，更多的是给予政策性优惠照顾，使民众富足，增强家庭自保的能力。它特别注重家庭养老和宗族互助。”②因此我们重点探讨个人的慈善行为。

两汉、魏晋南北朝时期个人的慈善行为主要包括：

1. 收养亲族，抚养遗孤

《仪礼·丧服》曰：“大宗者，尊之统也。大宗也，收族者也，不可以绝。”要强宗固

① 邓云特：《中国救荒史》，上海：上海书店，1984 年，第 11 页。

② 刘厚琴：《汉代社会保障体制及其特征》，《开封大学学报》2004 年第 4 期。

族，就得庇护家族成员，抚恤和救助贫困的族人。一族中的富者有赈济贫者的义务，才使得贫者不至于流离失所，宗族才能起到收族的作用。尤其是社会动荡之际，贫困无依的穷人，更是依赖族人的赈济才能存活。

如宣秉，字巨公，冯翊云阳人。从小就很有修养，显名于三辅地区。建武元年（25），拜为御史中丞。与司隶校尉、尚书令会同并专席而坐。号曰“三独”。宣秉“性节约，常服布被，蔬食瓦器”。“四年，拜大司徒司直，所得禄奉，辄以收养亲族，其孤弱者，分与田地，自无担石之储。”（《后汉书卷二十七・宣张二王杜郭吴承郑赵列传第十七》）

司马朗，字伯达，为堂阳长官时，治理宽明，不用刑法而民不犯禁。司马氏是汉末河内世族，司马朗的祖父司马俊官至颍川太守，父司马防年轻时担任地方官员，历任洛阳令、京兆尹，年老之后转任为骑都尉，他对司马兄弟的管教相当严格，“不命曰进不敢进，不命曰坐不敢坐，不指有所问不敢言”，父子之间相处时态度很严肃。后因躲避董卓之乱，司马朗带着家属回到温县，遇到荒年，“大饥，人相食，朗收恤宗族，教训诸弟，不为衰世解业”。发生饥荒，人民相食，司马朗收留抚恤宗族众人，代替父亲教导诸弟，因此司马家没有因为世道衰败而家业凋零。（《三国志卷十五・魏书・刘司马梁张温贾传第十五》）

任峻，字伯达，河南郡中牟县人。为官宽厚有度，明于事理，所奏对之事多得曹操赏识。东汉末年，天下大乱，关东地区的人都很恐慌。任峻集合自己的族人和宾客家里的士兵几百人，跟随曹操。曹操非常高兴，宣布任峻为骑都尉，并把自己的堂妹嫁给他，对他十分亲信，以后曹操每次外出征伐，任峻经常作为留守供应军队给养。这一年天大旱，年成歉收，发生饥荒，军队中粮食供应不足，有个羽林监叫枣祗的，是颍川人，建议实施屯田制，让士兵一面守卫，一面种田，解决了军粮不足的问题。灾荒之际，任峻“收恤朋友孤遗，中外贫宗，周急继乏，信义见称”（《三国志卷十六・魏书・任苏杜郑仓传第十六》）。

杨俊，字季才，河内郡获嘉县人。自少及长，以人伦自任，他曾跟随陈留人边让学习，边让很器重他。后来战乱兴起，杨俊认为河内地处四通八达的要道上，一定会成为战场，就率领家族扶老携幼来到京、密二县的大山里，同行的有一百余家。杨俊赈济贫乏穷困的人，与他们互通有无。宗族朋友中被人抢去作奴仆的共有六家，杨俊都倾尽家财将他们赎出。（《三国志卷二十三・魏书・和常杨杜赵裴传第二十三》）

2. 恤老济困，问病致药

抚恤老者，周济贫穷，在人生病的时候，给医问药，也是此时期常见的慈善行为。

常林，字伯槐，“河内温人也”。性好学。汉末为诸生。“林乃避地上党，耕种山阿。”当时遭遇旱灾和蝗灾，唯独常林丰收了。所以常林“尽呼比邻，升斗分之”（《三国志卷二十三·魏书·和常杨杜赵裴传第二十三》）。

吕蒙，字子明，入据城，安抚百姓将士，尽得民心。“蒙旦暮使亲近存恤耆老，问所不足，疾病者给医药，饥寒者赐衣粮。”（《三国志卷五十四·吴书·周瑜鲁肃吕蒙传第九》）

赵温，初为京兆郡丞时，叹息大丈夫应当志在四方，不能安居一处，即弃官而去。后来，遇到饥荒年月，“散家粮以振穷饿，所活万余人”（《后汉书卷二十七·宣张二王杜郭吴承郑赵列传第十七》）。

3. 扶贫助学，接济友朋

杨俊在并州躲避战乱时，遇到本郡人王象，从小失去父母无依无靠，给人做奴仆，十七八岁时，主人让他牧羊，他偷偷抽空读书，因此受到主人的鞭打。杨俊欣赏他的才能品质，当即将王象赎出带回家，又为他娶妻盖房。曹操任命杨俊为曲梁县长，入京出任丞相掾属，被举荐为茂才，出任安陵县令，升任南阳太守。他在南阳宣扬教化，开办学校，官吏百姓都称颂他。魏国建立以后，升任中尉。曹操征伐汉中，魏讽在邺县谋反，杨俊自己弹劾自己，到曹操营中请罪。被赦免后，又写信向太子请辞。太子不高兴，说：“杨中尉说走就走，未免太过高深了吧？”于是下令将杨俊贬为平原太守。文帝即位，杨俊又任南阳太守。当时王象任散骑常侍，推荐杨俊说：“臣私下看见南阳太守杨俊有纯粹的优秀品质，有忠诚整肃的宏大气度，实行仁爱足以施及万物，忠厚老实足以感动众人，敦促后进，诲人不倦，外表宽和，内心正直，仁慈而不失果断。自从出仕任职以来，所任职的地方都被他治理得很好，两次任南阳太守，广施恩德，相邻地方的百姓都背着孩子来投奔他。现在境内安定，无处施展他的才能，应该将他调回京城，在陛下跟前效力，以光大帝业。”（《三国志卷二十三·魏书·和常杨杜赵裴传第二十三》）

赵典，字仲经，少时笃行隐居，博学经书。为太常时，朝廷每有灾异疑问，赵典应对引经据典，无所隐瞒。每得赏赐，辄分与诸生贫者。（《后汉书卷二十七·宣张二王杜郭吴承郑赵列传第十七》）

包咸，字子良。少为诸生。受业长安。习《鲁诗》《论语》。建武中，为皇太子师，授其《论语》。显宗以咸有师傅恩，而素清苦，常特赏赐珍玩束帛，奉禄增于诸卿，咸皆散与诸生之贫者。（《后汉书卷七十九·儒林列传第六十九下》）

二、从慈善行为的性质来分：消极救援与积极救助

1. 消极救援

一般在灾害发生以后，消极救援的主要种类有开仓赈济、惠民养老、致药收葬等。灾荒发生之后，最急切的是给予民众衣食以维持生存，面对灾后接踵而至的病疫最有效的方式是问病致药，这些手段也是历代在灾害发生后，为了维护局面稳定经常采用的。

如《上林赋》：于是乎乃解酒罢猎，而命有司曰："地可垦辟，悉为农郊，以赡氓隶，隤墙填堑，使山泽之民得至焉。实陂池而勿禁，虚宫馆而勿仞。发仓廪以救贫民，补不足，恤鳏寡，存孤独。……"

《汉书卷七十五·眭两夏侯京翼李传第四十五》：是岁（汉元帝初元元年），关东大水，郡国十一饥，疫尤甚。……"已诏吏虚仓廪，开府库，振救贫民。……罢省不急之用，振救困贫，赋医药，赐棺钱，恩泽甚厚……"

汉和帝时经常发生自然灾害，五年春三月庚寅，遣使者分行贫民，举实流冗，开仓赈禀三十余郡。

《后汉书卷四·孝和孝殇帝纪第四》记载：（元和）三年春正月乙酉，诏曰："盖君人者，视民如父母，有憯怛之忧，有忠和之教，匍匐之救。其婴儿无父母亲属，及有子不能养食者，禀给如律。"

《后汉书卷六·孝顺孝冲孝质帝纪第六》记载：（永建二年）二月甲辰，诏禀贷荆、豫、兖、冀四州流冗贫人，所在安业之，疾病致医药。（三年春正月）甲午，诏实核伤害者，赐年七岁以上钱，人二千，一家被害郡县为收敛。

北魏时期，朝廷十分重视对京师和地方民众的医疗救济。北魏皇兴四年（470）三月丙戌，献文帝诏曰："朕思百姓病苦，民多非命，明发不寐，疢心疾首。是以广集良医，远采名药，欲以救护兆民。可宣告天下，民有病者，所在官司遣医就家诊视，所须药物，任医量给之。"（《北史卷六·显祖纪》）到孝文帝时期，官方的慈善医疗得到进一步发展，建立了官方慈善医疗机构。太和二十一年（497）九月丙申，孝文帝诏曰："哀贫恤老，王者所先，鳏寡六疾，尤宜矜愍。可敕司州洛阳之民，年七十以上无子孙，六十以上无期亲，贫不自存者，给以衣食；及不满六十而有废痼之疾，无大功之亲，穷困无以自疗者，皆于别坊遣医救护，给医师四人，豫请药物以疗之。"（《北史卷七·高祖纪下》）

又如北魏阳平馆陶人李修之父李亮，史载："（李亮）少学医术，未能精究……又就沙门僧坦研习众方，略尽其术，针灸授药，莫不有效。徐兖之间，多所救恤，四方疾苦，不远千里，竟往从之。亮大为厅事以舍病人，停车舆于下，时有死者，则就而棺殡，亲往

吊视。其仁厚若此。”（《魏书卷九十一·列传术艺·李修传》）

尤其值得注意的是，在南北朝时期出现了专门收容贫病者的慈善机构——六疾馆。六疾馆最初是南齐文惠太子、竟陵王萧子良创立，因其乐善好施，奉其慈悲之心而“立六疾馆以养穷民”。这在中国慈善史上具有划时代的意义，它标志着中国慈善活动正在迅速兴起和发展，同时也表明中国慈善救济与福利制度正经历着由以设官掌事为主到因事设署（机构），以署（机构）定职的方向发展。①

2. 积极预防，为灾民提供政策、财物帮助

积极预防指，丰年则进行仓储预防，逢灾年则向灾民借贷钱粮、种谷以助其开展生产自救；开放河梁坡池供民渔猎以获得必要的生存物资等。

东汉章帝时灾害连年，（元和元年）二月甲戌，下诏曰：“王者八政，以食为本，故古者急耕稼之业，致耒耜之勤，节用储蓄，以备凶灾，是以岁虽不登而人无饥色。自牛疫已来，谷食连少，良由吏教未至，刺史二千石不以为负。其令郡国募人无田欲徙它界就肥饶者，恣听之。到在所，赐给公田，为雇耕佣，赁种饷，贳与田器，勿收租五岁，除算三年。其后欲还本乡者，勿禁。”从诏书中不难看出统治者积极防范自然灾害的意识，同时在政策上给流民迁徙于富足地域的便利，能让他们在度过灾难后自由回迁。同时流民所到之处还提供种谷、农具，帮助其实现生产自救，在税负上为流民减负。（《后汉书·肃宗孝章帝纪》）

汉和帝时期，也有积极预防灾害的做法：“……秋九月壬午，令郡县劝民蓄蔬食以助五谷。其官有陂池，令得采取，勿收假税二岁。”六年春二月乙未，遣谒者分行禀贷三河、兖、冀、青州贫民。开放部分公共资源，提供给灾民生产自救。

再如汉安帝三年春正月庚子，皇帝加元服。大赦天下。……三月，京师大饥，民相食。……癸巳，诏以鸿池假与贫民。……己巳，诏上林、广成苑可垦辟者，赋与贫民。……庚子，诏长吏案行在所，皆令种宿麦蔬食，务尽地力，其贫者给种饷。是岁，京师及郡国四十一雨水雹。并凉二州大饥，人相食。

汉恒帝在位期间，还以政府名义发动过民间力量提供财物救灾。永寿元年（155）二月，司隶、冀州饥，人相食。州郡赈给贫弱。若王侯吏民有积谷者，一切贷十分之三，以助禀贷；其百姓吏民者，以见钱雇直。王侯须新租乃偿。（《后汉书·孝桓帝纪第七》）

到东汉桓灵帝时期，贫富差距达到顶峰，“故富者席余而日织，贫者蹑短而岁蹴。历代为虏，犹不赡于衣食。生有终身之勤，死有暴骨之忧，岁小不登，流离沟壑，嫁妻卖

① 周秋光、曾桂林：《中国慈善简史》，北京：人民出版社，2006 年，第 78 页。

子”。根据史书记载和相关学者研究，两汉时期为我国古代历史上自然灾害多发时期。这一时期自然灾害在发生数量、频度上呈快速增长趋势。从时间分布上看，在这400多年的历史期间，两汉时期总共发生了600多次灾害，与前代500多年间发生不到100起灾害相比大为增加，其中西汉发生213起，东汉发生392起，可见东汉发生次数比西汉多，达到平均每年约2起的程度。与此同时，这一时期自然灾害种类繁多，水灾、旱灾、蝗灾、风灾、雹灾、地震、雪灾、山崩等灾害记载多见于史书。频繁发生的水灾、旱灾等灾害对当时广大百姓的生命财产构成了严重威胁，大部分百姓面对这种情况往往衣食无着而流亡他处成为弱势群体。加之东汉后期，封建国家经济每况愈下，国力羸弱，而天灾不断，民不聊生，哀鸿遍野，以至于出现了“人相食”的惨烈局面。孱弱的国家已经无法全面对灾民展开救助，进而允许、鼓励灾民展开积极自救了。

也有一些地方官员落实政策，起到了救助灾民的作用，措施深得民心，为老百姓广泛称颂，如东汉马棱，字伯威，马援之族孙。“建初中，仕郡功曹，举孝廉。及马氏废，肃宗以棱行义，征拜谒者。章和元年，迁广陵太守。时谷贵民饥，奏罢盐官，以利百姓，赈贫羸，薄赋税，兴复陂湖，溉田二万余顷，吏民刻石颂之。”（《后汉书卷二十四·马援列传第十四》）

更有一些义士将自己的谷物钱粮借贷给灾民，并且不用灾民归还，如北魏范阳涿郡人卢义僖，任官前以焚毁债契的方法来赈灾。史称义僖性清俭，不营财利，“少时，幽州频遭水旱，先有谷数万石贷民，义僖以年谷不熟，乃燔其契，州闾悦其恩德”（《北史卷三十·卢玄传曾孙义僖附传》）。

第三节　唐代以前慈善事业的功用

一、慈善可以和谐家族

中国自古以来就讲求宗族内部要吉庆相贺，互相救助。《四民月令》中提到每年某一固定时间里宗族内部“振赡匮乏”。“九月，存问九族孤、寡、老、病不能自存者，分厚彻重，以救其寒。”“十月，乃顺时令，敕丧纪。同宗有贫窭久丧不堪葬者，则纠合宗人，共与举之，以亲疏贫富为差，正心平敛，无相逾越，先自竭以率不随。”[①]可见，每年的九

①（汉）崔寔著，缪启愉辑释，万国鼎审订：《四民月令辑释》，北京：农业出版社，1981年。

月、十月宗族内部都要集中对族内的贫宗进行慈善救济。两汉时期，随着大地主土地所有制的发展和封建主义中央集权的进一步加强以及儒学思想正统地位的确立，这一时期的宗族较之先秦时期发生了很大变化，主要表现在宗族人口的扩大、宗族内部联系的加强以及豪族势力的快速发展。在这其中，豪强宗族势力的快速发展又为魏晋时期世家大族的形成奠定了基础。总之，快速发展的宗族组织已经成为两汉魏晋时期重要的社会生产和生活单位。所以在两汉魏晋时期，除了政府性的社会救济之外，民间慈善活动在宗族内多有发生。

《后汉书卷四十五·袁张韩周列传第三十五》："（韩）棱四岁而孤，养母弟以孝友称。及壮，推先父余财数百万与从昆弟，乡里益高之。"

《后汉书卷八十二·方术列传第七十二上》：汝南平舆人"（廖）扶逆知岁荒，乃聚谷数千斛，悉用给宗族姻亲，又敛葬遭疫死亡不能自收者"。

东平任城人"（郑）均好义笃实，养寡嫂孤儿，恩礼敦至"（《后汉书卷二十七·宣张二王杜郭吴承郑赵列传第十七》）。

吴国富春人孙晷"见人饥寒，并周赡之，乡里赠遗，一无所受。亲故有穷老者数人，恒往来告索，人多厌慢之，而晷见之，欣敬逾甚，寒则与同衾，食则与同器，或解衣推被以恤之"（《晋书·列传第五十八》）。

按照我国著名经济学家厉以宁的解释，社会分配可以分为三种层次：第一层次是以竞争为动力的分配，即根据能力的大小决定收入的多寡；第二层次是以公平为原则的分配，即通过社会保障、社会福利进行再分配；第三层次是以道德为动力的分配，即有钱人自愿把钱分给穷人，也就是慈善事业。可见，民间慈善活动属于第三层次的社会分配。它是以慈善心作为道德基础，以自愿捐助作为经济基础的社会救济。它是物质文明、精神文明和制度文明的综合体现，同时也是社会进步、社会和谐的重要力量。

当今许多学者在谈到宗族问题时，都会涉及"收族"作用。他们认为在宗族内部的这种慈善救济活动起到了团结族人的作用。从当时的情形看来，确实如此。无论是在比较和平的两汉社会，还是在处于战争动乱中的魏晋社会，农民的生存条件都比较恶劣，他们的经济基础极为薄弱，抵抗困难的能力又非常有限，因此宗族内部的慈善活动对他们来说非常重要。这种暂时的慈善活动在一定程度上增强了他们战胜困难的能力，使生活得以维持下去，保障了宗族内部个人和贫宗的生活，密切了宗族内部各成员之间的联系，促进了宗族的发展与壮大。与此同时，这种慈善活动增强了他们对宗族的依赖和认同，增强了宗族的凝聚力。反之，宗族凝聚力的加强又使得宗族内部联系更加紧密，在生活困难时，宗族成员更会积极主动地采取救济慈善措施，帮助宗族内部受困成员渡过难关。显而易见，宗族内部的慈善活动使得宗族“收族”的作用更加明显，加强了宗族的凝聚力。因此，宗族“收族”作用的加强使得宗族内部慈善活动越来越多，促进了两汉、魏晋时期宗族慈善活动的发展。

这种针对本宗内部成员且方法较为普通的宗族慈善活动，增强了宗族的凝聚力和向心力，维护了宗族内部的稳定，促进了宗族的进一步发展。因此，对于宗族发展来说，宗族内部的慈善救济活动是一种良好的凝结剂，它对于扩大宗族的组织和力量，稳定宗族内部的秩序都起到了重要的保障作用。

二、慈善可以抵制盗贼

一些经常对亲族、乡里、友朋实施慈善义举的人，往往能获得一定声誉，从而具有较强的召集和领导能力。东汉后期，社会日益动荡不安。这些有慈善高行的人，能利用这种召集和影响力，集结族人、乡邻一起抵御盗贼。

如京兆长陵人“（第五）伦少介然有义行。王莽末，盗贼起，宗族闾里争往附之。伦乃依险固筑营壁，有贼，辄奋厉其众，引强持满以拒之，铜马、赤眉之属前后数十辈，皆不能下……伦后为乡啬夫，平徭赋，理怨结，得人欢心”（《后汉书卷四十一第五·钟离宋寒列传第三十一》）。

东汉末年，焦国人许褚“聚少年及宗族数千家，共坚壁以御寇”（《三国志·魏书·二李臧文吕许典二庞阎传第十八》）。

《后汉书卷二十六·伏侯宋蔡冯赵牟韦列传第十六》记载：伏湛字惠公，琅邪东武人也。九世祖胜，字子贱，所谓济南伏生者也。湛高祖父孺，武帝时，客授东武，因家焉。父理，为当世名儒，以诗授成帝，为高密太傅，别自名学。湛性孝友，少传父业，教授数百人。……更始立，以为平原太守。时仓卒兵起，天下惊扰，而湛独晏然，教授不废。谓妻子曰：“夫一谷不登，国君彻膳；今民皆饥，奈何独饱？”乃共食粗粝，悉分奉禄以赈乡里，来客者百余家。时门下督素有气力，谋欲为湛起兵，湛恶其惑众，即收斩之，徇首城郭，以示百姓，于是吏人信向，郡内以安。平原一境，湛所全也。

从这个例子可以看出，深受儒家思想影响的伏湛心怀慈悲，不愿作乱。即使手下欲为乱，他也毫不动摇，最终平原一郡得以保全。

三、慈善可以稳定社会

两汉魏晋时期，汉族和少数民族在冲突中融合，边境纷争较多，战争频仍。导致百姓流离失所，生存艰难，社会也存在不稳定隐患。而一些慈善义举，通过赈济流民，在一定程度上起到了安置流民、稳定社会的作用。

《后汉书卷十五·李王邓来列传第五》记载：初王莽世，羌虏多背叛，而隗嚣招怀其酋豪，遂得为用。及嚣亡后，五溪、先零诸种数为寇掠，皆营堑自守，州郡不能讨。歙乃大修攻具，率盖延、刘尚及太中大夫马援等进击羌于金城，大破之，斩首虏数千人，获牛羊万余头，谷数十万斛。又击破襄武贼傅栗卿等。陇西虽平，而人饥，流者相望。歙乃倾仓廪，转运诸县，以赈赡之，于是陇右遂安，而凉州流通焉。

《后汉书卷二十九·申屠刚鲍永郅恽列传第十九》：鲍永字君长，上党屯留人也。……时南土尚多寇暴，永以吏人痍伤之后，乃缓其衔辔，示诛强横而镇抚其余，百姓安之。会遭母忧，去官，悉以财产与孤弟子。

《晋书·列传第五十八》：颍川太守功曹庾衮，在西晋八王之乱时，“率其同族及庶姓保于禹山。是时百姓安宁，未知战守之事，衮曰：‘孔子云：不教而战，是谓弃之。’乃集诸群士而谋曰：‘二三君子相与处于险，将以安保亲尊，全妻孥也。古人有言：千人聚而不以一人为主，不散则乱矣。将若之何？’众曰：‘善。今日之主，非君而谁？’衮默然有间，乃言曰：‘古人急病让夷，不敢逃难，然人之立主，贵从其命也。’乃誓之曰：‘无恃险，无怙乱，无暴邻，无抽屋，无樵采人所植，无谋非德，无犯非义，戮力一心，同恤危难。’众咸从之。”

《晋书·列传第三十七》：高平金乡人郗鉴“于时所在饥荒，州中之士素有感其恩义者，相与资赡。鉴复分所得，以恤宗族及乡曲孤老，赖而全济者甚多……遂共推鉴为主，与千余家俱避难于鲁之峄山”。

《晋书·列传第六十》：范晷之子范广，时“大旱，米贵，广散私谷振饥人，至数千斛，远近流寓归投之，户口十倍”。

纵观两汉、魏晋时期社会发展历程，我们发现，不论是处在两汉统治中的和平社会，还是处于战争动乱中的魏晋社会，都会因为一些自然因素和社会因素导致弱势群体的产生。弱势群体的存在加剧了社会风险的产生，因此，两汉、魏晋时期国家和社会对弱势群体的救助十分重视。就国家而言，政府通过安抚流民，假民公田，优抚鳏寡孤独，抚恤灾民以及赈济粮食、农具、衣服等措施加强了对弱势群体的保障和控制。就地方社会而言，民间慈善是保障弱势群体生存的有力措施。作为地方社会中的官吏和富民，以及宗族内部中的富宗，宗教势力中的僧侣，他们都积极地参与到民间慈善救济活动之中，保障了弱势群体的基本生存，维护了社会稳定。

两汉时期，民间慈善活动的进行在很大程度上反映了汉代统治者仁义治国的政治理念，如：武帝时期，谒者汲黯“过河南，（见）河南贫人伤水旱万余家，或父子相食”，便“谨以便宜，持节发河南仓粟以振贫民”。以此“请归节，伏矫制之罪”。武帝“贤而释之，迁为荥阳令”。(《史记·汲郑列传第六十》)

又如《后汉书卷六十二·荀韩钟陈列传第五十二》记载：太山嬴长韩韶“(见)余县多被寇盗，废耕桑，其流入县界求索衣粮者甚众。韶愍其饥困，乃开仓赈之，所禀赡万余户。主者争谓不可。韶曰：‘长活沟壑之人，而以此伏罪，含笑入地矣。’太守素知韶名德，竟无所坐。”

《后汉书卷三十九·刘赵淳于江刘周赵列传第二十九》记载：王望字慈卿，客授会稽，自议郎迁青州刺史，甚有威名。是时州郡灾旱，百姓穷荒，望行部，道见饥者，裸行草食，五百余人，愍然哀之，因以便宜出所在布粟，给其（廪）粮，为作褐衣。事毕上言，帝以望不先表请，章示百官，详议其罪。时公卿皆以为望之专命，法有常条。钟离意独曰：“昔华元、子反，楚、宋之良臣，不禀君命，擅平二国，春秋之义，以为美谈。今望怀义忘罪，当仁不让，若绳之以法，忽其本情，将乖圣朝爱育之旨。”帝嘉意议，赦而不罪。

上述史料中，汲黯、韩韶和王望三人因可怜百姓而私自开仓赈济灾民，面对这种未经最高机构决定而自作主张的行为，当时统治者并没有治他们的罪。可见，当时统治者十分重视用仁义来治理国家，彰显了统治者仁义治国的政治理念。这种民间慈善活动的进行充分诠释了仁义的思想内涵，使更多的人以仁义为标准来要求自己，加强了社会的道德规范。由此可见，民间慈善活动的进行彰显了汉代统治者仁义治国的政治理念，通过仁义治国，加强了世人的道德规范，促进了两汉社会的和谐发展。

第二章 唐代及以后的慈善事业

第一节 唐代的慈善事业

中国慈善历史久远，但达到一定规模且具有制度性的公益慈善事业始于唐代，因此，关于公益慈善的历史，我们主要讨论唐代及唐以后的情况。

唐以前的慈善事业更多地带有临时性的特征，而且慈善事业的规模较小。到了唐代，比较有影响力的民间慈善活动开始涌现，慈善行为日益变得常态化且规模有所扩大，这是中国传统慈善事业发展到一定阶段而出现的新现象。这一时期，士大夫群体受儒家“博施济众”思想的影响，开始在民间慈善中发挥领导者、倡导者以及实施者的作用。与墨家“爱无差等”不同，儒家认为，人的爱是有等差的：人们往往先对亲人或族人施善，然后推己及人，“老吾老以及人之老，幼吾幼以及人之幼”。儒家的这种观点，显然比墨家“爱无等差”的思想更符合人情，也更易于在社会中推广。受儒家这种思想的影响，士人群体的慈善行为，也往往是从宗族慈善开始的，唐代史料文献中多有记载，兹列举如下：

李袭誉，官至扬州长史、蒲州刺史，从三品，“居家以俭约自处，所得俸禄，散给宗亲，余赀写书数万卷”（《大唐新语》卷三）。

刘祎之，唐初著名学者，高宗时官至中书侍郎，同中书门下三品，“居家孝友，甚为士族所称，每得俸禄，散于亲属，高宗以此重之”（《旧唐书・刘祎之传》）。

崔玄暐，龙朔中，举明经，则天朝累官至益州都督，“与弟升甚相友爱。诸子弟孤贫者，多躬自抚养教授，颇为当时所称”（《旧唐书・崔玄暐传》）。

苏颋，玄宗朝名臣，学者。“为相，所得俸禄尽推与诸弟，或散之亲族，家无余资”

（《旧唐书·苏颋传》）。

卢怀慎，进士出身，“累居右职，及秉钧衡，器用服饰无金玉文绣之丽，所得俸禄，皆随时分散，而家无余蓄，妻子不免匮乏”（《大唐新语》卷三）。

王珪，唐初名相，长于文辞。“少时贫寒，人或遗之，初不辞谢；及贵，皆厚报之，虽其人已亡，必赈赡其妻子。事寡嫂尽礼，抚孤侄恩义极隆，宗姻困匮者，亦多所周恤”（《旧唐书·王珪传》）。

刘德威，官至同州刺史，居官期间，“所得财货，多以分赡宗亲”（《旧唐书·刘德威传》）。

以上事例中的诸人，多为士大夫阶层，为官期间，所得俸禄除了家庭开销之外，多半散给宗亲。有的士大夫除了热心宗亲慈善外，恩惠还泽及朋友之间，如李纲，“周齐王宪女孀居孑立，纲自以齐王故吏，赡恤甚厚”（《旧唐书·李纲传》）。晚唐诗人孟郊与郑余庆相交甚厚，郑余庆“镇兴元，又奏为从事，辟书下而卒。余庆给钱数万葬送，赡给其妻子者累年”（《旧唐书·孟郊传》）。

除了救济宗族及友朋之外，有些士大夫在担任地方官期间，还积极地参与社会慈善，如高宗仪凤年间（676—679），肃州等地遭遇严重的飞蝗灾害，禾苗菽麦等庄稼被嚼食殆尽，颗粒无收，民多饿死。肃州刺史王方翼，“乃出私钱，……以济饥瘵。构舍数十百楹居之，全活甚众”。德宗朝，魏州发生严重饥荒，百姓无粮可食，至于父子相卖，甚是凄惨。魏州人张万福时任泗州刺史，不忍家乡遭受灾害之苦，便与兄长商议，“将米百车饷之”（《新唐书·张万福传》）。崔立出任兖州刺史时，正逢兖州遭遇大饥，于是首倡义举，“募富人出谷十万余石赈饿者”①，救活了当地不少濒临饿死的灾民。

还有的士大夫主政一方，热心文教事业，往往有慷慨解囊、捐资助学之举，如曹华，“恶沂之地褊，请移理于兖，许之。……令将吏曰：‘邹、鲁儒者之乡，不宜忘于礼义。’乃躬礼儒士，习俎豆之容，春秋释奠于孔子庙，立学讲经，儒冠四集。出家财赡给，俾成名入仕，其往者如归”（《旧唐书·曹华传》）。尹知章，“虽居吏职，归家则讲授不辍，尤明《易》及庄、老玄言之学，远近咸来受业。其有贫匮者，知章尽其家财以衣食之”（《旧唐书·儒学传下》）。

唐朝中后期，民间慈善活动开始突破血缘和地缘的限制，救济范围开始从宗族慈善向社区慈善甚至地方性的慈善发展，并且突破了士大夫群体，普通人亦多有慈善之举。

①（明）何淳之辑：《荒政汇编》，收入李文海、夏明方主编：《中国荒政全书》（第1辑），北京：北京古籍出版社，2003年，第230页。

这类善举多“以己之便，予他人之便”，或“救人之困，解人之危”，故而多被人冠以“义”字，如义渡、义井、义浆等。《全唐文》就载有大历六年（771）春，河间公在城垣附近凿井济人以及有善人架桔槔汲水作义浆之事。[①]除义井、义浆外，民间社会的义行更多表现为下层人民在生产劳动和日常生活中的共济互助。如柳宗元笔下长安药市中的善人宋清，“疾病疕疡者，亦皆乐就清求药，冀速已。清皆乐然响应，虽不持钱者，皆与善药”[②]。这些慈善行为，正史里往往缺少记载，但我们却不能否认这种民间共济互助的慈善行为的广泛存在及其作用。[③]正是由于这种普通人之间的互助互济，才形成唐代民间相对和谐和融洽相处的社会氛围。

其实，这种民间互助行为很早就在中国古代社会出现了，《周礼·地官·大司徒》中说：“令五家为比，使之相保；五比为闾，使之相受；四闾为族，使之相葬；五族为党，使之相救；五党为州，使之相赒；五州为乡，使之相宾。”不过，早期的救恤济贫一般都是个体的自发行为，并未出现专门的救助组织。目前所知的最早的民间救助组织出现于南北朝时期的东魏。在东魏初年的范阳郡范阳县，出现了一个专门从事掩埋尸骨的组织——“义”。到北齐年间，随着佛教僧侣的参与和主持，“义”渐渐演变为民间慈善组织，其善举范围也开始扩大，除了掩埋尸骨外，还救济饥民和为贫病者提供医疗救助。到了唐末及五代，这种具有民间互助社团性质的组织愈发多见，特别是北方，出现了数量较多的、颇具规模的民间慈善组织——社邑。

可以说，社邑的产生源于佛教的慈善思想，初期也主要由僧人以及民间的佛教信徒自愿组织而成，其名称繁复多样，如：坊巷社、香火社、女人社、亲情社、法社等。社邑的日常活动，除了供奉佛事外，主要从事民间的经济活动和互助活动。[④]在所有的慈善活动中，社邑最主要的互助活动是丧葬，“赠孝家，各助麻一两”，或“丧家营葬，临事主人须投状，众共助成，各助布一匹”。[⑤]也有的社邑兼营社人的婚嫁、立庄造舍，操办、襄助以及对困难者的救济、贫病者的救助，[⑥]等等。虽然唐末、五代的社邑仍带有较强的佛教色彩，但其慈善互助共济的性质则是显而易见的。

总体上看，唐代的民间慈善事业有了一定的发展，中后期还出现了具有一定规模的社邑，但从整体上看，这时的民间慈善尚具有规模小、组织化程度较低的特点。另外，除了

---

① 杨兵、王希隆：《对唐代几种社会救济形式的辨析》，《社科纵横》2003 年第 3 期。
② 柳宗元：《柳宗元集》卷 17，北京：中华书局，1979 年，第 471 页。
③ 周秋光、曾桂林：《中国慈善简史》，北京：人民出版社，2006 年，第 92 页。
④ 周秋光、曾桂林：《中国慈善简史》，北京：人民出版社，2006 年，第 95 页。
⑤ 宁可、郝春文：《敦煌社邑的丧葬互助》，《首都师范大学学报》1995 年第 6 期。
⑥ 宁可：《述社邑》，《北京师范学院学报》1985 年第 1 期。

士大夫群体外，民间慈善的思想更多地来自佛教的慈悲观念，儒家思想在整个社会的慈善事业中的影响还有限，因而从总体上看，慈善的主体仍以民间乡绅为主，士人尚不占重要地位。

第二节　宋代的慈善事业

较之前代，宋代的公益慈善事业出现了划时代的变化，所谓“宋之为治，一本于仁厚，凡振贫恤患之意，视前代尤为切至”①，不仅官方慈善机构众多，在士大夫群体的推动下，民间慈善事业也得到了重大的发展，呈现出前所未有的繁盛局面。北宋思想家张载有关“民胞物与”的观点，使得儒家的慈善理论进一步扩充，“民，吾同胞；物，吾与也，……尊高年，所以长其长；慈孤弱，所以幼其幼。圣其合德，贤其秀也，凡天下疲癃残疾茕独鳏寡，皆吾兄弟之颠连而无告者也”。儒家把恤老慈幼看作是每个人天经地义的责任和义务，宣示天下一家的传统观念，这对传统社会慈善活动产生了重大的影响。具体地看，两宋民间慈善事业主要体现在以下几个方面。

一、宗亲慈善

经过唐末五代长时间的洗涤，中国传统的世家大族制度，逐渐趋于崩溃和瓦解，至两宋时期，民间社会的自组织能力处于松散状态。同时，传统的授田于民的田制，入宋后也难以持续，为适应这一状况，宋代统治者实行“田制不立”“不抑兼并”的基本经济政策。这一政策的直接影响是，土地兼并日益严重，少数地主集中了全国的大量土地，很多农民失去田地，不得不成为佃农，或背井离乡，进入城市，沦为城市贫民。不过，这种状况客观上却带来了另一个积极的结果，那就是农民对封建国家以及地主的人身依附关系的松动，也就是说，国家和地主对农民的人身控制能力趋于减弱。很显然，这是统治者不愿看到的，为了改变这种状况，加强对农民的人身控制，重新建立和强化民间自组织形式，就成为封建国家和地主阶级迫切需要解决的问题。为此，统治者和一些儒家知识分子出于维护社会稳定、强化国家政策的考虑，提出了“敬宗收族”的理论主张。

北宋立国之初，政府就确定了“以孝治天下”的施政理念，表彰大家族聚居，竭力弘扬传统的宗族理论。在《宋史·孝义传》中，受到政府表彰的义居家族达到50家，数

① （元）脱脱等：《宋史》，北京：中华书局，1977年，第4335页。

量远多于前朝。为了强化民间宗族组织，政府还通过颁布法律戒条，打击别籍异财。开宝元年（968）六月，太祖于初定巴蜀之后即下诏规定：“荆蜀民祖父母、父母在者，子孙不得别财异居。”后来这条规定被正式纳入国家法典：“诸祖父母、父母在，而子孙别籍异财者，徒三年。”[①]除了政府采取法令强制政策外，儒家知识分子尤其是理学家的大力提倡也起到了重要推动作用。关学鼻祖张载很早就提出了“敬宗收族”的理论主张。[②]他认为：“管摄天下人心，收宗族，厚风俗，使人不忘本，须是明谱系、世族，与立宗子法。”（《张横渠集·宗法》，《丛书集成》本）南宋时，集理学大成的朱熹，也有类似主张，“士君子修一家之政，非求富益之也，植德而已尔，积善而已尔。……有无欲其相通，凶荒欲其相济，患难欲其相恤，疾病欲其相扶”。[③]浙东学鼻祖吕祖谦：“圣人知一族不足以独立也，故又为之甥舅婚媾姻娅以辅之。犹惧其未也，故又慈养百姓以卫之。故爱亲者所以爱其身也，爱民者所以爱其亲也，如是则其身安如泰山，寿如箕翼，他人安得而侮之哉？故自古圣贤未有不先亲九族然后能施及他人者。彼愚者则不然，弃其九族，远其兄弟，欲以专利其身。殊不知身既孤，人斯戕之矣，如利何有哉！……善为家者，尽其所有而均之，虽粝食不饱，敝衣不完，人无怨矣。夫怨之所生，生于自私，及有所厚薄也。”（吕祖谦《少仪外传》卷下，《丛书集成》本）

在统治者和理学家们“敬宗收族”理论的支持之下，许多受儒学影响深刻的士大夫们宗族观念甚重，常以周恤宗族为念，南宋汪应辰的事例足以证明这一点。汪应辰绍兴五年（1135）中进士第一，时年十八岁，可谓少年得意，但其后命运多舛，因忤秦桧意，闲居多年，后流落岭南十七年。绍兴三十年（1160），汪应辰获得了一个在中央任职的机会，迁权吏部尚书，但他请求外任，因为当时同级外地官员俸禄优于京官。他闲居及流落岭南时，所得俸禄自养已难，自然难以周恤宗亲，因而此时请求外任，希望得到俸禄优厚之职位，以了却其周济宗亲族乡党之愿。从汪应辰的事例中，可以感受到，宗亲族党之贫困状况给汪应辰造成了强烈的刺激，使他备受心灵煎熬，常以无法周恤宗亲为憾。[④]类似情结在士大夫中颇为普遍，许多官员都视入仕后周恤族人为自己当然之责任，如有官员就曾慨叹“俸微不能庇吾族”（蔡襄《端明集·内殿承制王君（翊）墓志铭》，文渊阁《四库全书》本）。宗室赵希怿，“凡内外族姻昏嫁之不及时者，每任为己责”（真德秀《西山先生真文忠公文集·少保成国赵正惠公（希怿）墓志铭》，《四部丛刊》本）。

---

①（元）脱脱等：《宋史》，北京：中华书局，1977 年。

② 张文：《宋朝民间慈善活动研究》，四川大学博士后论文，2004 年，第 49 页。

③（宋）朱熹著，郭齐、尹波点校：《朱熹集》，成都：四川教育出版社，1996 年。

④（元）脱脱等：《宋史》，北京：中华书局，1977 年。

刘敞认为，“为仁不富”，所以，君子欲为仁人，“当均其有余以济不足”（刘敞《公是集·为仁不富论》，《丛书集成》本），是为“博施济众为圣”（刘敞《公是集·博施济众为圣论》，《丛书集成》本）。而宗亲族党也颇认同这一观念，一旦族人中有人入仕为官，同族人往往以向此人求取视为当然。孙抃“在眉山为大族，中外戚属以百数，而贫无依者又众。闻公归，皆来求给，公竭资以周其费”（杜大珪《名臣碑传琬琰之集中·孙文懿公（抃）行状》，文渊阁《四库全书》本）。

宋代士人的宗亲观念浓厚，已形成一种社会风气，在这种风气影响下，如果入仕后不恤宗亲将会受到社会舆论的指责。①苏洵在乡居期间，曾作一亭，上刻《苏氏族谱》，且作序一首，苏洵立此亭之目的，在于重建乡里风俗之美，使族人“少而孤则老者字之，贫而无归则富者收之”，否则，必会受到“族人之所共诮让也”。②

受儒家这种浓厚的宗亲亲党观念影响，不仅士大夫每以周恤宗族亲党为念，即使是一般乡绅，也以周济亲党为乐事。如平阳人蔡元龟，“尝欲广其室庐以族处，益其田畴以族食，于以合宗族”（周行己《浮沚集·蔡君宝（元龟）墓志铭》，《丛书集成》本）。

综观宋代士大夫的宗亲慈善，大体分为两种：一是非制度化的赈施与接济，二是制度化的养赡。③

（1）非制度化的赈施与接济。

非制度化的慈善行为具有临时性、分散性的特征，一般多发生在士大夫回乡探亲期间。如北宋著名的史学家范镇，为当世名臣，熙宁年间，王安石主持变法，范镇与王安石意见不合，遂返回四川老家探亲，“期年而后还”。在蜀期间，范镇宴饮宗亲故旧，“赈施其贫者”，多有恩义。（《司马温公文集·范景仁传》，《丛书集成》本）像范镇这样利用回乡探亲的机会赈施宗亲的例子在两宋较为常见，或是在外为官，或是在外谋生，或是迁居外地，每当还乡探亲或上坟，往往有赈施宗亲之举。松溪人李文渊，徙居外地，其间“道出松溪，上冢，会亲族，赠恤其孤穷，故其乡党尤称之”（韩元吉《南涧甲乙稿·左朝请大夫知虔州赠通议大夫李公（文渊）墓碑》，《丛书集成》本）。曾长期在外做官的郑戬，回到家乡后，拜谒祖坟，同时，“乃散百金，悉召见故人亲属”（胡宿《文恭集·郑公（戬）墓志铭》，《丛书集成》本）。山阴人俞亨宗，隆兴二年（1164）进士，知漳州，“秩满，凡橐中所余，悉以散之宗族亲戚之贫者”④。

---

① 张文：《宋朝民间慈善活动研究》，四川大学博士后论文，2004 年，第 51 页。

② 舒大刚、曾枣庄主编：《三苏全书》，北京：语文出版社，2001 年。

③ 张文：《宋朝民间慈善活动研究》，四川大学博士后论文，2004 年，第 54 页。

④ 中华书局编辑部编：《宋元方志丛刊》，北京：中华书局，1990 年。

除了还乡赈施之外，在宗亲认同感较强的宋朝，居官外地者，平时也以各种方式赈施家乡宗亲，这方面的例子也很多，兹列举几则如下。

刘庠，“雅不善治生，禄廪所入，均以赡族人。使契丹得金币，则以葬宗党之贫者，凡二十余丧”（吕陶《净德集·枢密刘公（庠）墓志铭》，《丛书集成》本）。

王化基，“居官，俸多施及亲旧”（李元纲《厚德录》卷 4，《丛书集成》本）。

杜衍，“俸入之余，以给亲族之贫者”（吕祖谦《少仪外传》卷上，《丛书集成》本）。

韩琦，“割俸养宗族十数家，恩例先及旁族故旧之子孙贫而无托者”（《韩魏公集·家传》，《丛书集成》本）。

赵概，“族人之单贫者，不问戚疏，皆月周以奉钱，其久而未葬者，皆敛而葬之”（王珪《华阳集·赵康靖公（概）墓志铭》，《丛书集成》本）。

周敦颐，“奉己甚约，俸禄尽以周宗族、奉宾友，家或无百钱之储”（《晦庵先生朱文公文集·濂溪先生事实记》，《四部丛刊》本）。

吕公著，“俸赐率以周九族，家无余积，米不足，至籴以继之”（赵善璙《自警编·赈亲族》，《丛书集成》本）。

除了在外为官者，即使是一般士人，哪怕是在外教书而收入有限者，也足为乡里宗亲生活之援。典型者如胡宗元，在京师教书得以温饱而有余后，便开始“贬衣损食，推赢余以煦其宗，待宗元以炊者甚众”①。

对于那些有才学的人，宗亲乡里往往也乐于资助其读书及赶考费用，这构成了宗亲慈善的另一方面。例如，新安人查道，“初就试，贫不能上道，亲族敛钱三万遗之”。查道得以于咸平四年（1001）擢贤良方正。因此，查道虽官俸丰厚，但多分给宗族孤寡，“为毕婚娶者十余家，以是常匮乏”②。

与在外为官者的异地接济不同，那些为数众多的乡绅富民以及致仕后乡居的官员，对于宗亲的接济则表现为对乡里的慈善行为。因为宋时同宗多同村而居，既是宗亲，亦是乡里，对宗亲之周恤，即表现为对乡里之救济。如嘉兴人陶士达，“今当别为义廪，几以周族姻；为义薪，几以平市估”（周南《山房集·陶宣义（士达）墓铭》，文渊阁《四库全书》本）。京兆人游师雄，“不喜聚货财、广田宅为子孙计，独以周给亲旧为心。族人生无以赡、死无以葬者，皆公是赖。故卒之日，家无余资”（张舜民《画墁集补遗·游公

① 黄庭坚著，刘琳、李勇先、王蓉贵点校：《黄庭坚全集·正集·胡宗元墓志铭》，成都：四川大学出版社，2001 年。

② 中华书局编辑部编：《宋元方志丛刊》，北京：中华书局，1990 年。

（师雄）墓志铭》，《丛书集成》本）。洪适《盘洲文集》卷76载宋宗室赵不淢居于平江府常熟县开元乡，“数以俸余施贫乏，岁或不登，取贷子钱者，券悉焚之”。

从以上论述可知，非制度性的宗族慈善在宋代是较为普遍的现象，内容上主要包括生活接济、收恤孤独和助济婚丧三方面[①]。

生活接济：主要是指提供衣食住行等方面的基本生活援助。如董为良，“族姻、乡党之贫无归者，衣食之；罢不能者，教诲之；不幸而有急难者，救护之，皆极勤恳”（朱熹《晦庵先生朱文公文集·董君景房（为良）墓表》，《四部丛刊》本）。吴懋，于“内外族姻与夫平生党友，饥者食，寒者衣，病者医，死者葬，嫁其女，字其孤，至不可胜数”（汪藻《浮溪集·朝散大夫直秘阁致仕吴君（懋）墓志铭》，《丛书集成》本）。

收恤孤独：一旦宗亲中成人亡故，留下孤老独幼，首先是由宗亲收恤。如吴淑有宗亲死难者，留下两个幼女，“淑收养如生，及长而嫁之，时多其义”（不著撰人《京口耆旧传·吴淑》，文渊阁《四库全书》本）。贺允中，“赡养宗族孤幼，婚嫁之甚众”（韩元吉《南涧甲乙稿·资政殿大学士左通议大夫致仕贺公（允中）墓志铭》，《丛书集成》本）。

助济婚丧：宋人的婚丧开支很大，在生活中是个极大的负担，家境一般的家庭往往难以应付，因此，宗亲慈善中，每每有助济婚丧之举。如杨宗惠，“亲党无以葬，与孤女不能嫁，则出力资之”（吕陶《净德集·朝奉大夫知洋州杨府君（宗惠）墓志铭》，《丛书集成》本）。葛胜仲，“族女之孤不能自存者，则为之办装遣，择所归”（周麟之《海陵集·葛文康公（胜仲）神道碑》，文渊阁《四库全书》本）。

以上这些内容尽管较为全面地反映了宗亲慈善的主要方面，但毕竟是非制度化的，带有较强的临时性、随意性和不确定性，与义庄、义田之制度化的养赡相比，仍有不少缺陷。

（2）制度化的养赡。

宋仁宗皇祐元年（1049）十月，时在杭州任上的范仲淹以多年积累之俸余，买田1 000余亩，于平江府（今苏州）吴县、长洲设立了著名的义庄。这一举动，标志着我国宗族慈善制度化的正式确立。自此之后，士绅们纷纷效仿，一时义庄遍布各地，直到民国时期，中国广大农村仍有不少地方保留有义庄。

对于创设义庄的原因，范仲淹曾说：“吾吴中宗族甚众，于吾固有亲疏，然以吾祖宗视之，均是子孙，固无亲疏也，吾安得不恤其饥寒哉！且自祖宗积德百余年，而始发于吾，得至大官，若独享富贵而不恤宗族，异日何以见祖宗于地下，亦何以入家庙乎？”

① 张文：《宋朝民间慈善活动研究》，四川大学博士后论文，2004年，第55页。

（范仲淹《范文正公文集·附录·范文正公年谱》，《丛书集成》本）可见，在范仲淹看来，自己之显贵，源于祖先之积德，自己若独享这一成果，不恤族人，则是对祖先的不敬。因此，儒家传统的"敬宗收族"理论是范仲淹创立义庄的主要理论来源和精神动力。

范仲淹所创义庄，共计田地 1 000 余亩，岁收粳稻 800 斛，聚养范氏族人 90 余口。"择族之长而贤者一人主之，其计日食人米一升，岁衣人二缣，嫁女者钱五十千，娶妇者二十千，再嫁者三十千，再娶者十五千，葬者如再嫁之数，葬幼者十千"①。其后，其子范纯仁等从熙宁至政和年间，曾将义庄规矩做了 10 次修订，同时将土地扩大到 3 000 亩。南宋时，义庄共赡数百人，"虽有窭者，赖以无离散之患"（范仲淹《范文正公文集·附录·范氏义庄申严规式记》，《丛书集成》本）。元明时期，范氏义庄虽屡有损毁，但总是顽强地恢复起来，并一直延续至清代，成为中国近世宗族制度及宗亲之缩影，影响甚为深远。

自范仲淹创立义庄以后，士绅们纷纷效仿（名称上或改为"义田"，实际上是一回事），一时义庄遍布各地，且都自称效法范氏义庄。②南宋士人刘宰即说："立义庄以赡亲族，始于范文正公。……自公作始，吴中士大夫多仿而为之。"（刘宰《漫塘集·希墟张氏义庄记》，文渊阁《四库全书》本）如李师中，"买田数千亩，刊名为表，给宗族贫乏者，至今号义庄"（刘挚《忠肃集·右司郎中李公墓志铭》，《丛书集成》本）。向子諲，"置义庄，以赡宗族贫者"（汪应辰《文定集·徽猷阁直学士右大中大夫向公（諲）墓志铭》，《丛书集成》本）。王必正，"仿范文正公例，以郭外田五百余亩创义庄，以资族人冠婚丧祭之费"③。陈俊卿，设"南园义庄，族之贫者，岁分遗有常数。女未嫁者给以资，不能葬者助其贫"④。何执中，"虽富贵不忘贫贱时，斥缗钱万，置义庄以赡宗族"（《宋史·何执中传》）。韩贽，"推所得禄赐，买田赡族党，赖以活者殆百数"（《宋史·韩贽传》）。刘辉，嘉祐四年（1059），"崇政殿试又为天下第一，得大理评事，签书建康军判官"。后祖母丧，回乡守制，服丧期间，"哀族人之不能为生者，买田数百亩以养之"。值得一提的是，范仲淹置义庄乃其富贵之后，"禄赐丰厚，方能成其志"（以上并见王辟之《渑水燕谈录》卷 4），而刘辉置义庄为刚入仕之时，因而更加难能可贵。南宋初年，

① （宋）龚明之：《中吴纪闻·范文正公还乡》，见上海古籍出版社编：《宋元笔记小说大观》，上海：上海古籍出版社，2001 年。

② 张文：《宋朝民间慈善活动研究》，四川大学博士后论文，2004 年，第 58 页。

③ （明）陈能修：《（嘉靖）延平府志·孝义》（《天一阁藏明代方志选刊》影印本），上海：上海古籍书店，1982 年。

④ （宋）李俊甫：《莆阳比事·黄氏义学、陈公义庄》（宛委别藏影印本），南京：江苏古籍出版社，1988 年。

平章政事张浚，“置义庄，以赡宗族之贫者”（朱熹《魏公行状》，见常州《毗陵城南张氏宗谱》卷2）。南宋汪大猷，“好周施，序宗族外族，为《兴仁录》，率乡人为义庄二十余亩以为倡”（《宋史·汪氏传》）。南宋知扬州兼淮东安抚朝议大夫楼璹在四明所立楼氏义庄，“置腴田五百亩，立为义庄”，“自同曾祖下至缌麻，而贫于无服，而行业有闻者人廪给有差”[①]。

在义庄的周恤对象上，范仲淹初定规矩是：“周给宗族，无间亲疏，日有食，岁有衣，嫁娶凶葬，咸有所给。”（《范文正公文集》卷8，《丛书集成》本）范围没有限制，所有范氏族人均能沾惠。只是对于姻亲的周恤，只限于“贫窘中非次急难，或遇年饥，不能度日”（程俱《北山小集·王公（汉之）行状》，《四部丛刊》本）。其余义庄、义田周恤对象或者包括姻亲，或缩小为“近亲”，资助范围则主要限于宗亲之贫者。如折可适义庄，只赡给“近亲”（李之仪《姑溪居士后集·折公（可适）墓志铭》，《丛书集成》本）。张浚义庄，只赡给“宗族之贫者，母族丧葬婚嫁亦皆取给焉”（《晦庵先生朱文公文集·张公（浚）行状下》，《四部丛刊》本）。张恪义庄，对象限于“宗族之贫者，日用所须与嫁娶丧葬皆取具焉”[②]。还有部分义庄，周恤对象不但有宗亲，还包括朋友之贫者，如吴奎，“以钱二千万，买田北海，号曰义庄，以周亲戚朋友之贫乏者”（刘攽《彭城集·吴公（奎）墓志铭》，《丛书集成》本）。

从分布地域看，两宋的义庄可以说遍布全国，而以江南的浙江、江苏、江西三地最多，共49处，约占总数的62%。[③]两宋义庄、义田的数量虽不少，但分布并不均衡，这与各地的经济文化发展水平以及宗族制度的结构有关，显示了民间慈善之风的地域差异。

在义庄中，凡生、老、病、死以至婚娶，均包括在慈善内容之内，可以说是从摇篮到墓地的全方位周恤。因此，也使义庄产生了一些不良后果，如族人的依赖心和及时行乐思想。袁采即指出：“置义庄以济贫族，族久必众，不惟所得渐微，不肖子弟得之不以济饥寒，或为一醉之适，或为一掷之娱，……若其所得之多，饱食终日，无所用心，扰暴乡曲，紊烦官司而已。”因此，他主张：“不若以其田置义学，……择师训之，既为之食，且有以周其乏。”（袁采《袁氏世范》卷上，收入台北新兴书局《笔记小说大观》）

到了元代，义庄的设立仍较普遍，尤其是江南地区。不过，在两宋众多的义庄中，能够像范氏义庄那样保持长久的则较少，很多义庄在元末的战乱中废坏，之后也未能尽行恢复。事实证明，义庄虽有不少缺陷，但于周恤宗亲，凝聚族人来讲，仍不失为一种有效的

① 中华书局编辑部编：《宋元方志丛刊》，北京：中华书局，1990年。
② 中华书局编辑部编：《宋元方志丛刊》，北京：中华书局，1990年。
③ 张文：《宋朝民间慈善活动研究》，四川大学博士后论文，2004年，第66页。

方法，故能保持长久的生命力。

二、社区慈善

儒学是一个开放的学术系统，类似于一个不断扩充的同心圆，以个体为圆心，不断向外扩展，从个体的修身，到齐家、治国乃至平天下。儒家的慈善也绝不限于血亲、宗族之内，而是推己及人，讲究“推恩”。正如孟子所说的那样，“老吾老，以及人之老；幼吾幼，以及人之幼，天下可运于掌。《诗》云：‘刑于寡妻，至于兄弟，以御于家邦。’言举斯心加诸彼而已。故推恩足以保四海；不推恩无以保妻子。古之人所以大过人者，无他焉，善推其所为而已矣”。两宋儒者的这种推恩于陌生人的慈善，可称之为社区慈善。这种社区慈善，主要有两种，一是乡村社区慈善，二是城市社区慈善。①

（1）乡村社区慈善：封闭性慈善。

乡村社区，是指以从事农业活动为主的人们所组成的地域社会生活共同体，是人类社会最基本的一种社区形式。在人际关系上与城市社区最主要的区别在于它是“熟人”的社会，具有封闭性特征。

两宋乡村社区慈善的例子甚多，如陈髦，“好善乐施，每岁发廪济贫，随其自斛，不计偿贷”。②刘夔，“不治财产，所收私田有余谷，则以振救乡里贫人”（李元纲《厚德录》卷3，《丛书集成》本）。钟世明，“乡闾贫乏者给粟赈之，时多其惠”。③胡弈修，居杭州，“平居遇盛冬雨雪，里巷间告饥，则必计供家外，尽散以给之，所活前后无虑万人”（李之仪《姑溪居士全集·胡公（弈修）行状》，《丛书集成》本）。翁熙，淳熙二年（1175）进士，为官期间，“岁饥，历乡落劝赈，民赖全活”（曾曰瑛《汀州府志·翁熙传》）。

宋代的乡村社会，多为一姓或数姓聚集的自然村落，社会结构单一，阶层分化也不及城市严重。在这种单一的社会结构中，民间慈善的主体与客体之间往往存在着千丝万缕的联系，其间最常见的就是宗亲关系。因此，乡村社区慈善中，宗亲慈善较之于城市更为常见。如专以周济宗亲为务的义庄、义田，基本都位于乡村。对乡村社区的临时性慈善

① 张文：《宋朝民间慈善活动研究》，四川大学博士后论文，2004年，第69页。

②（明）陈能修：《（嘉靖）延平府志·孝义》（《天一阁藏明代方志选刊》影印本），上海：上海古籍书店，1982年。

③（明）李敏纂修：《（弘治）将乐县志·人物·名臣》（《天一阁藏明代方志选刊续编》影印本），上海：上海古籍书店，1990年。

也往往先宗亲而后及于乡党，在这一层面上，乡村社区慈善与宗亲慈善大体是重合的。① 如戚同文，“乡里之饥寒及婚葬失其所者，皆力赈之”②。孙贵，“好周乡人之急，平生所得廪赐，施与略尽”（苏过《斜川集·孙团练（贵）墓志铭》，《丛书集成》本）。赵处温，“岁储粟千石，以助乡之贫而无敛及婚葬无力者”③。在以上事例中，对乡村社区的慈善基本都仅限于乡党，有些地方在进行社区赈济时，赈济对象明确限定为乡党，对外来饥民则予以排斥。不过，也有一些事例证明乡村社区慈善也有超越本乡界限而呈现出开放式特征的。如黟县人汪勃，乡居期间，“以教训子弟，收恤乡里为务，岁新陈未接，必捐贾（价）出谷，旁近数郡赖之”④。应山人连舜实，人称处士，“岁饥，出谷万斛，损价以糶之，惠及旁邑”（李元纲《厚德录》卷 4，《丛书集成》本）。

（2）城市社区慈善：开放性慈善。

城市社区，是指以从事工商业及其他非农业社会活动的居民所组成的集中度很高的人类生活共同体。其中，在人际关系上与乡村社区的最主要区别在于它是“陌生人”的社会，具有开放性特征。⑤

城市慈善具有三个特征：

其一，救济对象的不确定性。天禧元年（1017），河北饥民至并州，“州民施饭一月”。⑥

朱友直，世居新安城，“以善人闻于州里”，“家近城东门，当孔道，盛夏设饮具以饮行者，……尝解衣推食以济冻馁”。⑦

宗室赵伯圭，每逢“雨雪日久，则令人走闾里赈施；婴孩遗弃，则募乳者收育之”（楼钥《攻媿集·皇伯祖太师崇宪靖王（伯圭）行状》，《四部丛刊》本）。

杨椿，“间持缗币适市，遇贫急探怀袖与之，不省问谁氏”（史尧弼《莲峰集·广汉杨君太年（椿）墓志铭》，文渊阁《四库全书》本）。

宋代江南地区的市镇内活跃着许多士绅、商贾，他们中有不少也热衷于慈善事业。吴自牧的《梦粱录》就对南宋临安城的富士行善作了记述，“杭城富室多是外郡寄寓

① 张文：《宋朝民间慈善活动研究》，四川大学博士后论文，2004 年，第 69 页。
② （宋）文莹：《玉壶清话》，见上海古籍出版社编：《宋元笔记小说大观》，上海：上海古籍出版社，2001 年。
③ （明）袁应祺修：《（万历）黄岩县志·人物下》（《天一阁藏明代方志选刊》影印本），上海：上海古籍书店，1982 年。
④ 中华书局编辑部编：《宋元方志丛刊·新安志·汪枢密》，北京：中华书局，1990 年。
⑤ 张文：《宋朝民间慈善活动研究》，四川大学博士后论文，2004 年，第 74 页。
⑥ （清）徐松辑：《宋会要·食货》，北京：中华书局，1957 年。
⑦ （宋）吕午：《竹坡类稿·老屋居士朱公（友直）墓志铭》，见北京图书馆古籍出版编辑组编：《北京图书馆古籍珍本丛刊》（89），北京：书目文献出版社，1990 年。

人，……数中有好善积德者，多是恤孤念苦，敬老怜贫”。每当杭州城内外来的一些买卖人生意不好，坐困不乐时，就“观其声色，以钱物周给，助其生理”；当有人死无周身之具，妻儿罔措，莫能支吾时，则“散棺木，助其火葬，以终其事”；当冬日遇到大雪，路无行径，长幼啼号，口无饮食，身无衣盖，冻饿于道时，这些城中慈善富士就沿门“亲察其孤苦艰难，遇夜以碎金银或钱会插于门缝，以周其苦”；另外，他们还散棉被絮袄给贫丐之人。①

在以上诸例中，慈善客体多为不确定身份者，或为外地饥民，或为城市贫民，或为乞丐流民，对于这些人的救济，慈善主体并不以彼此关系是否亲近作为行动依据，而是“不省问谁氏”，即行救济，其慈善行为呈现出明确的开放性特征。②

其二，行业互助活动突出。在城市中，人际关系中的血缘联系变得相对松散，邻里关系也由于社区边界不再像乡村社区那样明确而导致认同感减弱，因此，以业缘为纽带的行业互助活动在城市不断发展成为必然趋势。③如南宋临安商人，对于买卖不利的同行，每每以钱物周济，或是协助料理后事。④

其三，医疗慈善活动活跃。在城市中，由于人口集中度较高，流动人口量大，常导致疾病流行，为此，常有民间人士出于悲悯之心而行医救济，医疗慈善是城市社区慈善区别于乡村慈善的一个重要特征。⑤如洛阳胜善寺药寮，乃北宋名相文彦博一人捐俸兴建，“凡郊野之民无有远迩，与道路之往来有疾病者”，皆可得到免费治疗（范祖禹《范太史集·龙门山胜善寺药寮记》，文渊阁《四库全书》本）。南宋绍兴年间（1131—1162），镇江发生瘟疫，隐士艾敬文，“视证惟香苏饮为宜，而不能家至户晓，因置锜釜煮药于庭，来者饮之，或恣酌取以去，所活不可胜计”⑥。

此外，一些官方建立的医疗机构也多有民间人士出资襄助，亦为城市社区慈善的一种形式。如宋代官办医疗慈善机构安济坊的前身，为苏轼在杭州所建的安乐坊，除了官方资本外，也有苏轼本人及朋友们的私人赞助。据史载，元祐四年（1089）十一月，杭州知州苏轼上任伊始，“又作饘粥药饵，遣吏挟医，分方治病，活者甚众。轼曰：‘杭水陆之会，因疫病死，比他处常多。’轼乃裒集羡缗，得二千，复发私橐，得金五十两，以作病坊，稍蓄钱粮以待之，名曰安乐。崇宁初改赐名曰安济坊”（李焘《续资治通鉴长编》卷435）。

①（宋）吴自牧：《梦粱录·恤贫济老》，杭州：浙江人民出版社，1984年，第175页。
② 张文：《宋朝民间慈善活动研究》，四川大学博士后论文，2004年，第75页。
③ 张文：《宋朝民间慈善活动研究》，四川大学博士后论文，2004年，第75页。
④（宋）吴自牧：《梦粱录·恤贫济老》，杭州：浙江人民出版社，1984年，第175页。
⑤ 张文：《宋朝民间慈善活动研究》，四川大学博士后论文，2004年，第75页。
⑥（元）俞希鲁撰：《至顺镇江志·人才·隐逸》，台北：大化书局，1980年。

三、士人群体的互助

值得一提的是，两宋时期，受儒家博施济众观念的影响，士人间的互助行为也比较常见。由于士人具有较高的文化修养，彼此间的互助行为非常频繁。史籍中留下了很多这方面的佳话。

吴遵路与范仲淹友善，吴遵路死后，家无长物，范仲淹“分俸周其家”（李元纲《厚德录》卷3，《丛书集成》本）。张九成与周焕卿为布衣交，后周焕卿丧母，贫不能举丧，其妹亦因家贫未嫁。①时张九成方在贬谪中，俸禄尽罢，“居处既悠悠，衣食亦草草”，仅能自足而已。闻周焕卿之困，自贬所专门送去银钱，以供其费。（张九成《横浦集》卷1，文渊阁《四库全书》本）章庭（明扬）与黄庭坚友善，两人所居较近，时时来饮酒，黄家有急难，“明扬未尝不竭蹷而趋事”②。周敦颐，“奉己甚约，俸禄尽以周宗族、奉宾友，家或无百钱之储。李初平卒，子幼，护其丧归葬之，又往来经纪其家，始终不懈”（朱熹《晦庵先生朱文公文集·濂溪先生事实记》，《四部丛刊》本）。

除了临时性的互助行为，较一般百姓，士人群体的互助更易于形成组织化，其间还出现了一些互助组织，其中最典型者为万桂社与黑金社。

万桂社是流行于福建等地的士人之间的经济互助组织，据真德秀记载，万桂社系由一地或一群士人缴纳一定数量金钱汇聚为社，凡缴费士人赶考而缺乏旅资者，皆可于其中支取一定数量川资，从而起到互助作用。③规模大者如莆田，成员可及 1 000 人之众，规模小者如温陵，也有 300 余人。（真德秀《西山先生真文忠公文集·万桂社规约序》，《四部丛刊》本）

与万桂社功能类似的士人结社还有很多，如青云约、魁星约、崇仁义约等。所谓青云约与魁星约者，由于新淦一带士人应举，“无所取资”，往往做出辱没士节的事情，为此，当地士人相与结社，用以资助赶考士子，从而使士人专心于文而保其节。（《文山先生文集·新淦曾叔仁义约籍序》，《四部丛刊》本）所谓崇仁义约，据楼钥记载，也与万桂社性质相似，亦为士人间为赶考而设的经济互助组织。（楼钥《攻媿集·跋抚州崇仁县义约》，《四部丛刊》本）

黑金社是白鹿洞书院学生自发组织的一种经济互助组织，主要是为天寒取暖而设。④

---

①（宋）龚明之：《中吴纪闻·张子韶与周焕卿简》，见上海古籍出版社编：《宋元笔记小说大观》，上海：上海古籍出版社，2001 年。

② 黄庭坚著，刘琳、李勇先、王蓉贵校点：《宋黄文节公全集》，成都：四川大学出版社，2001 年。

③ 张文：《宋朝民间慈善活动研究》，四川大学博士后论文，2004 年，第 88 页。

④ 张文：《宋朝民间慈善活动研究》，四川大学博士后论文，2004 年，第 89 页。

据陶谷记载，“庐山白鹿洞游士辐辏。每冬寒，醵金市乌薪为御冬备，号黑金社”[①]。

宋代文教事业发达，非常重视读书人，士人因而拥有较高的社会地位与社会声望，对社会风尚的形成具有重要的引领作用。从民间慈善的角度观察，民间慈善活动的各个方面都活跃着士人的身影，士人在其中起着领导者、组织者和实施者的作用。其中，最能体现士人对民间慈善作用的是公益事业和慈善组织两个方面。

（1）公益事业。

由士人捐建和兴建的公益设施在在有之，如修桥造路、义井给水等都离不开这些人的广泛参与和组织领导。如被称为乡里长者的乡居善士潘好古，就曾“发钱塘十万”，兴修婺州西湖旁两所废塘。（吕祖谦《东莱集·朝散潘公墓志铭》，《丛书集成初编》本）乡居善士刘大同见“有大东塘，溉田数十百顷，岁久不治，将遂圮废”，便“捐金鸠民筑之”（杨万里《诚斋集·刘君季从墓志铭》），文渊阁《四库全书》本）。捐资修路架桥的乡居善士也有之，如丹徒“市东有桥，实跨要津，里人蔡包吴三氏实始募浮屠创作之，……乡之耆艾相率而造三氏之门”[②]。

由上可见，乡居善士的积极从善促进了宋代江南乡村公益事业的发展，水利交通的兴建和维修也客观上增加了农民的收入，一定程度上改善了农民的生活。

不过，在各种公益事业中，士人贡献最多的是兴办义学。宋代近百所义塾、义学中，大都是由士人兴建。[③]

（2）慈善组织。

鉴于士人们经济条件的限制，同时又具有一定的社会资源可以借用，在两宋时期各种民间慈善活动中，士人往往在其中充当了组织者和管理者的重要角色。[④]如魏掞之，早年与朱熹同师胡宪，试礼部不第，遂不复出，归乡筑室读书，甚孚声望。鉴于建宁府一带频遭饥荒，民变丛生，遂向常平官请米 1 600 石，设仓于长滩铺。每年春贷冬敛，“民得以济，不复思乱，而草寇遂息”。在这一事例中，魏掞之本人并未出资，而是借助了官方仓本，魏掞之则在其中起到了重要的组织和管理作用。（董煟《救荒活民书》，《丛书集成》本）士人在两宋民间慈善活动中，或以捐助者的身份出现，或以倡率者和组织者的身份出现，对民间慈善活动起了重要的领导和支撑作用。

---

①（宋）陶谷：《清异录·黑金社》，见上海古籍出版社编：《宋元笔记小说大观》，上海：上海古籍出版社，2001 年。

②（元）俞希鲁撰：《至顺镇江志·地理·高资桥》，台北：大化书局，1980 年。

③ 张文：《宋朝民间慈善活动研究》，四川大学博士后论文，2004 年，第 92 页。

④ 张文：《宋朝民间慈善活动研究》，四川大学博士后论文，2004 年，第 92 页。

在两宋众多的士人慈善中，刘宰的赈饥活动可以说是士人慈善活动的典型案例。

刘宰是南宋中期一位名士，金坛人，绍熙年间（1190—1194）进士，早年在江浙一带做过小官，后退居乡里，30余年间，致力于乡里事务，善行卓著，其中最突出者，是他主持的三次大规模赈饥活动。第一次是嘉定二年（1209），刘宰与诸友“纠合同志”，“为粥以食饿者”，最多时日食达4 000人之多，前后历时近6个月。（刘宰《漫塘集·嘉定己巳金坛粥局记》，文渊阁《四库全书》本）第二次是嘉定十七年（1224），刘宰与诸友设粥局赈饥民，前后3个月，日就食者最多达15 000人之众。（刘宰《漫塘集·金坛县嘉定甲申粥局记》，文渊阁《四库全书》本）第三次是绍定元年（1228），为救济受灾的邻邑而设，刘宰得好友王遂之助，“复合众力以续”，又得郡守助米100斛，粥局前后持续2个月。（刘宰《漫塘集·戊子粥局谢岳祠祝文》，《四库全书》本）

此外，两宋时期文教事业发达，很多官员、士人、乡绅或富商以捐资办学为荣，一时间民间办学蔚为大观，其中有些办学无疑具有公益慈善性质，号称义学。

义学，是民间办学的一种形式，有些义学虽用书舍、书堂、书院等名称，但由于具备免费入学制度并为学生提供学习用具甚至生活接济的做法，无疑具有社会公益性质。宋人义学始于窦氏义塾，此义塾是五代年间范阳人窦禹钧设立的，该义塾共有屋40间，聚书数千卷，礼聘有文行之儒为师，“凡四方孤寒之士贫无供须者，公咸为出之，无问识不识，有志于学者，听其自至”（《范文正公文集·窦谏议录》，《丛书集成》本）。宋代义学中较著名者，如黄问所创上林义学，黄颐所创黄氏义塾，李尧臣所创李氏乡学，于令仪所创于氏义学，林国钧所创红泉义学，黄惟直所创龙山义塾等。据张文先生统计，两宋义学大约共有90处，主要集中于江西、浙江、福建三地。①

就义学创办者的身份而言，主要是仕宦人家，但也不乏乡绅富民，这些人设立义学的目的，一是使子弟读书入仕，招徕从学者，使之与子弟相互切磋，学问相长。②二是单纯设立义学，如浮梁人李椿年，晚年退闲之后，乃立义学，“捐良田三十亩以赡其用”③。而徽州人汪绍的义学规模更大，“捐田三百亩以膳师生，学者无裹粮束脩之费，四方闻风踵至”（程敏政《新安文献志·畈上丈人汪君（绍）传》，文渊阁《四库全书》本）。

从以上对宋代民间慈善事业的论述可以看出，宋代民间公益慈善事业具有以下几个特点：

一是儒家博施济众的思想取代佛教慈善思想成为宋代慈善事业的主导思想。宋代文教事业发达，儒学特别是理学兴盛，出现了一大批在社会上有重要影响的理学家，如北宋

① 张文：《宋朝民间慈善活动研究》，四川大学博士后论文，2004年，第42页。

② 张文：《宋朝民间慈善活动研究》，四川大学博士后论文，2004年，第45页。

③（宋）洪迈著，保卓点校：《夷时志》，北京：中华书局，1981年。

的周敦颐、张载、程颐、程颢，南宋的朱熹、吕祖谦、真德秀，这些人具有很高的儒学修养，又担任着中央或地方的重要官职，在社会上有着重要的影响，并且他们热心公益慈善事业，对两宋民间慈善事业的兴盛发挥了重要的作用。

二是文人士大夫成为公益慈善事业的主体。宋代文教事业发达，儒风昌盛，文人士大夫每以儒家乐善好施之义相激，积极从事慈善事业。在两宋所有的这些宗族或超越宗族的慈善组织中，居于核心地位，发挥组织、领导作用的，都是儒家君子，或者说“绅士”。君子“思”的能力较普通平民更强，因此，其“不忍人之心”也就更加强烈和可持续。由此，他们采取关爱他人行动的意愿也就更为强烈，他们比起普通人来，不太关注于成本与收益的计算，而愿意付出更高的时间和物质成本。在儒家的社会治理规划中，人皆有所养，皆需所养，这绝不只是政府的责任，这首先，并且始终主要是儒者自己的责任。

三是公益慈善事业的组织化程度较高，规模也远逾前代。且慈善事业的范围广泛，既有“熟人社会”之间的慈善，如宗亲、朋友、乡党，也有“陌生人社会”之间的慈善行为，如城市平民、行业组织之间的慈善等。宋代是中国古代社会的一个重要转型期，这一时期社会事业有了较大的发展，其中社会慈善事业的发展尤为突出。发达的社会慈善事业帮助那些无助的贫苦百姓渡过难关，极大地缓和了社会矛盾，稳定了社会秩序，为宋代创造了一个相对“和谐”的社会环境，为长期“积贫积弱”的宋王朝能延存三百年之久提供了重要保障。故《宋史》称赞宋代治世为“宋之为治，一本于仁厚，凡振贫恤患之意，视前代尤为切至”（《宋史·食货上六》）。

第三节 明清时期的慈善事业

明清时期儒风昌盛，士大夫受儒学及宋明理学影响，心慕仁义，多有慈善之举。此外，由于商品经济的发展，这一时期，由商人为主体发起的慈善活动和举办的慈善组织较前代繁盛，一些社会平民也积极参与到慈善事业中来。总的来看，明清时期民间慈善事业主要体现在以下方面。

一、非制度化的慈善

史书中屡见关于明清两代宗亲慈善的记载，明代如师逵，“不殖生产，禄赐皆分宗党”（《明史·师逵传》）。朱颐坦，“捐邸中田湖，赡贫民，辞常禄，给贫宗”（《明史·诸王一》）。朱厚熺，“尝辞禄五千石以赡宗室，宗人德之”（《明史·诸王四》）。

清代的宗亲慈善，如乐仲瞻，“尽散资财以赡族人，族中贫乏者，咸啧啧颂其义举”（王韬《淞隐漫录》）。

由宗亲慈善推至对朋友乃至乡党之人的捐助，明清时期也较多，如陶垕仲，“清介自持，禄入悉以赡宾客”（《明史·陶垕仲传》）。

李明勉，“为祭酒六年，列格、致、诚、正四号，训励甚切。崇廉耻，抑奔竞，别贤否，示劝惩。诸生贫不能婚葬者，节省餐钱为赡给”（《明史·李时勉传》）。

况钟，“重学校，礼文儒，单门寒士多见振赡”（《明史·况钟传》）。

另外，明清时期，由于饥荒频发，由士大夫、乡绅所发起的临时性救荒慈善活动也很多。明代如钱士贵，“其起应天府丞也，值淮南被寇，流民避乱，接踵渡江，而金陵又遇岁饥，道殣相望。士贵立义仓，置粥厂，计口授餐，全活甚众”（《永历实录》第21卷）。清代如吴琠，“沁州荐饥，琠籴米赈之，全活无算”（《清史稿·吴琠传》）。汤兆麟，“升同安守备。值邑祲饥，民相聚，欲为变，兆麟亟出劝谕，复罄资赈之，民情始安”（曾曰瑛《汀州府志·汤兆麟传》）。邹熊，“历官永寿知县，开水利，绝需派，岁饥，买谷三百石劝赈”（曾曰瑛《汀州府志·邹熊传》）。

二、制度化的慈善——义庄、义田、义学

明代义庄约有200个，清代更多，仅苏州府就有义庄179个，明清义庄的设立者大多为士大夫，其次为商人。由士大夫设立的义庄，明代如姜宝，“累官南京礼部尚书。尝割田千亩以赡宗族”（《明史·姜士昌附姜宝传》）。

徐溥，入阁为相12年，对朝政尽心尽力，多所匡扶，被誉为明朝贤相之一。平生乐善好施，对乡里族人关怀备至，自己生活俭朴。他仿效宋代范仲淹义举，叫二弟到京城商量置办义田以养宗族；也将自有田产800亩作为义田，分给村人耕种，如遇灾荒即减租免征，并开义仓赈济；还聘请塾师兴办义学，并在洑溪河口设置“徐氏义渡”。（《明史·徐溥传》）

申时行，明代嘉靖年间进士，万历初在苏州设义庄，用其俸禄收入广置义田，施济族人乡党。（光绪《苏州府志·人物七·卷24·公署四》）

张寰，“为人笃于行谊，事长姊终身孝敬不衰，置义田以赡宗族，少年有善，推奖逾分，以故多依归之”（《通政使司右参议张公（寰）墓表》，《震川先生集》卷23）。

刘隆，“居家置义仓，以赡宗族”（曾曰瑛《汀州府志·刘隆传》）。

吴炯，“家世素封，无子，置义田以赡族人。郡中贫士及诸生赴举者，多所资给”（《明史·吴炯传》）。

沈瓒，“瓒孝友，能周人之急，立义庄以赡族”（《苏州府志》卷78）。

朱拱樒，“捐田白鹿洞赡学者”（《明史·诸王二》）。

陈选，“尝割田百四十亩赡其族人”（《明史·陈选传》）。

张至发，“宗禄不给，为置义田，以赡贫者”（《明史·张至发传》）。

徐璠，“置田六百亩，以赡宗族”（《永历实录》第21卷）。

钱大复，“创书院于邱家湾，聚徒讲学，寒暑不辍。巡抚周孔教名其书院曰‘日新’。置祭田、赡族田千余亩，宗党赖之”（《永历实录》第21卷）。

林景旸，“病亟，命捐田三百亩以赡族，别捐田百亩以助学”（《永历实录》第21卷）。

清代由士大夫兴办的义庄、义田等，其例亦多，兹列举如下：

尹会一，“家居设义仓，置义田，兴义学”（《清史稿·尹会一传》）。

秦震钧，“尝仿范文正义庄之例，置田千亩，以赡族人”（钱泳《履园丛话·六·耆旧》）。

伊秉绶，“为乡党捐置义田二百石以赡族人”（民国《宁化县志》卷14）。

戚天保，“捐置义田三百亩，岁入以赡族人，其乐施众多类此”（《沔阳州志·人物志·宦绩》）。

潘遵祁，清代进士出身，创建松鳞义庄，后扩充义田达2 000余亩。

除士大夫外，明清时期由于商品经济的发展，在徽州、山西、宁波、广东等商贾众多的地方，商人捐建义庄的情况也较为普遍。

义庄的慈善活动是多方面的，有赡贫、恤病、助婚丧、养老、劝学、救急等，如汪氏耕荫义庄，“鳏寡孤独废疾，有所养；嫁娶凶葬，有助；春关秋赋，有赆”。“凡族中贫乏不能自存者，月有支；孤寡残疾无以为养者，月有支；病殁殡葬婚嫁生育之费以及子弟之课读，春秋之宾兴，莫不各有所给。”（民国《吴县志》卷31《公署四》）

明清时期，士大夫、乡绅在热心义庄之时，也注重创办义学，弘扬儒业，如官谦，“庙学倾圮，捐俸修治。秩满去，吏民思之”（曾曰瑛《汀州府志·官谦传》）。朱让栩，“尤贤明，喜儒雅，不迩声技，创义学，修水利，振灾恤荒”（《明史·诸王二》）。郑伉，“设义学，立社仓，以惠族党”（《明史·儒林一·郑伉传》）。方氏，“杨恒，字本初，诸暨人。外族方氏建义塾，馆四方游学士，恒幼往受诸经，辄领其旨要”（《明史·杨恒传》）。韩日缵，“置义田三百顷以赡族人，择地构义塾以训族子弟”。

三、育婴社、栖流所

明清社会，民间重男轻女之风甚炽，溺女、弃女现象屡禁不止，为解救女婴，一些民间力量陆续兴办了一些育婴社，特别是一些儒家知识分子，以“老吾老以及人之老，幼吾幼以及人之幼”的儒家传统精神，积极投身于拯救和收养弃婴的活动之中。1634 年，蔡琏在扬州创办了育婴社，扬州育婴社是一个纯粹的民间机构，它靠定期的集会发展会员和募集经费，救济被弃之婴或无力抚养的贫家之婴。进入清代，江南民间育婴机构进一步发展，顺治十二年（1655）、康熙五年（1666），扬州府的江都县、高邮州相继建成育婴堂，它们都是靠绅商的捐募而得以创立。①在清代前期，许多育婴堂的经费都是由地方社会捐助的。如长沙育婴堂，筹建之际，始由藩宪朱纲捐俸银六百两，后由社会绅商踊跃捐助而成，“乐善之人无分士庶男女，莫不欢跃捐助，惟恐人先”（嘉庆《长沙县志·赋役》）。苏州育婴堂也为郡中士大夫捐建，“所费又若干金，皆同志协力襄之”，后来又有扩建，“所费若干金，诸同志于协济工食之外，不惜捐助，以襄其成”（民国《吴县志·公署三》）。清代后期，官方对育婴堂的资助逐渐加大，有些育婴堂逐渐变为民办官督或官民合办。

清代中后期，弃女溺女之俗仍然存在，全国各地成立的育婴机构也多种多样，如六文会、济婴堂、保赤局、救溺会、救婴局等，它们大都由民间善士捐助而成。其中六文会自嘉、道之际就开始盛行，它是一种带有基金会性质的组织，筹资方式较为独特，即以六文钱为一股，乐捐者量力而捐，少则数股，多则数千股，定期交纳以便随时资助生育女婴之贫妇。②

明清时期，由于战争、动乱或灾荒，流民现象较为突出，为此，清代前期在全国多地设置了官办的栖流所，以安置四方而来的流民。乾嘉以后，政府财力日益困窘，栖流所开始由官办转为民间力量主办，趋向民营化。③光绪年间，北京一些官绅就有私家建立了类似功能的慈善机构，如资善堂、崇善堂、公善堂、百善堂等，在饥年或隆冬，“栖息流民”，或“收养寡民”。民间社会各阶层在收养流民及遣返回籍等事项上扮演着越来越重要的角色，成为民间慈善事业发展壮大不可或缺的重要因素。

明清民间赈济活动的兴起，应该说与这一时期工商业的繁荣、早期资本主义的萌芽以及市民思想的产生都有一定的关联。由于生活的富足，在享受物质的同时，人们开始反思生命本身的价值，重新审视个人的社会责任。特别是一些知识阶层，深受儒家义利观的影

---

① 梁其姿：《十七、十八世纪长江下游之育婴堂·附录二》，见《中国海洋发展史论文集》编辑委员会主编：《中国海洋发展史论文集》（第 1 辑），台北：“中央”研究院人文社会科学研究中心，1984 年，第 128 页。

② 周秋光、曾桂林：《中国慈善简史》，北京：人民出版社，2006 年，第 162 页。

③ 周秋光、曾桂林：《中国慈善简史》，北京：人民出版社，2006 年，第 165 页。

响，可以说，儒家义利观是明清两代慈善思想的一个重要理论来源。孔子认为“君子喻于义，小人喻于利”，又言“君子义以为上”，“不义而富且贵，于我如浮云”，只有君子才能超越眼前利益而成为道德的模范，甚至将道德与利益的关系进一步提升到对人的生命终极关怀的高度。这也使得后来者在义和利之间抉择时，大都能敦信诚义，舍利而趋义。正是受儒家这种义利观的影响，古代一些儒者都重义轻利，孜孜致力于开展救困扶危的慈善事业。“商”在古时虽为四民之末，然亦有不少商人自幼习儒，在经商致富之后，不以利害义，乐输善资，“散财种德、市义以归是我国传统商人立身宏业之本”，亦成为古代一些商人的慈善观。明清时期，随着商品经济的发展及其影响力的不断扩大，商人便自觉地加入到社会慈善活动中，并扮演着极为重要的角色。这时期著名的徽商、晋商以及宁波等地的商帮中，一大批商人乐善好义，积极捐资创办会馆、行会，为贫病者进行慈善救济，或报效社会，积极参与灾荒赈济，从而大大推动了民间慈善事业的发展。

明宣德末年，江西普遍出现饥荒，“义民鲁希恭及新淦郑宗鲁各出粟二千石助赈济，吉水胡有初千五百石”（陈龙正辑《救荒策会》卷5，崇祯十五年刊本）。随后，又有众多绅民捐助，缓解了饥民的乏食之困。明正统五年（1440），江右再次发生灾荒，吉安等府的绅商亦慷慨认捐，“吉安府诸县民，庐陵周怡、周仁，吉水盖汝志、李惟霖，永丰杨子最、罗修龄、萧焕圭，永新贺祈年、贺孟琏，安福张济，泰和杨孟辨，各出粟二千，佐豫备仓赈济”（陈龙正辑《救荒策会》卷5，崇祯十五年刊本）。嘉靖八年（1529），河南大饥，“杞县义民张廷恩、王廷珮各输粟赈济饥民，先后以万计”①。

明中叶以后，商品经济日渐繁荣，商人也就成为地方社会赈济活动的重要力量，明清时期几支重要的商帮，如徽商、晋商、粤商等，不少的商贾在发家致富以后，便踊跃输捐办理慈善公益事业。尤其是徽商，素以仁义著称，其慷慨解囊之举历来为人们所称颂。嘉靖九年（1530），三秦大地发生蝗灾，正在榆林经商的歙县盐商黄长寿闻讯后，立即“输粟五百石助赈”②歙县。

清乾隆七年（1742），扬州府属淫雨成涝，歙商汪应辰一次性捐银六万两助赈，使灾民受惠，所活不少。（光绪《两淮盐法志》卷246）

乾嘉时期，歙商汪光晃“设义馆以教无力延师者，岁费数百万金”（道光《安徽通志·义行》）。黟县人汪承嘉，“生平勇于为义，尝散粟以周族人”，在蓼六经商时，“值岁旱，赤地千里，嘉为粥于路，以食饥者”（嘉庆《黟县志·人物·尚义》）。

① 何淳之辑：《荒政汇编》，见李文海、夏明方主编：《中国荒政全书》（第1辑），北京：北京古籍出版社，2003年，第231页。

② 卞利：《明清时期徽商对灾荒的捐助与赈济》，《光明日报》，1998年10月23日第7版。

值得注意的是，明清时期，乐善好施者已不再限于显宦重臣、富商巨贾和地方豪门望族，众多普通百姓也加入了民间慈善事业的行列，纷纷成立了各类慈善组织，这就使得民间社会的慈善活动发生了显著的变化：一是由个别人的善行义举趋向众多平民百姓乐善好施而呈现出大众化的倾向；二是由临时的、一般性的善举趋向常设的慈善机构而呈现出组织化的倾向，如明末清初的同善会；三是由官营慈善机构为主趋向民办慈善机构普遍设立而呈现出广泛化的倾向。入清以后，民间慈善活动更趋兴盛，数量也大大多于明代，另外，功能更齐全、经费更充裕、参与的人群更广泛、开展的慈善活动更频繁。

四、普济堂、同善会

明代后期，皇帝失德，朝纲紊乱，在这一宏阔的社会背景下出现了文人士大夫联合讲学的社会风气。他们或热衷于修身养性、读经治礼，或通过聚会讲学的方式团结同志，振奋士林风气，发扬光大儒学精神，从而达到重振朝纲、拯救天下的目的。而组织团体、推行善举、安定社会秩序，即是他们实现抱负的一个重要手段。明清时期儒者所办的慈善团体中，最典型的，莫过于普济堂和同善会。

明清时期官办慈善机构的典型代表为养济院，但更重要的是民间办的普济堂，据日本学者夫马进考证，清代仅河南一地就有普济堂 129 所，山东有 131 所。[①]清代前期的普济堂基本上都是民间所办，由地方乡绅、商贾资助经费，后来有些发展成为民办官督。[②]其收助人员，不论本籍外地，皆可入养。普济堂在积功行善、普济众生方面发挥了很大的作用，不过，其理论主要来源于佛教思想。

与普济堂性质相近的民间慈善组织是同善会，不过，普济堂的创立理论主要是佛教思想，而同善会的兴办理念则带有强烈的儒家思想。同善会，是在明后期文人士大夫讲学结社之风盛行的社会背景下兴起的。最早的同善会，是明万历十八年（1590）由杨东明在河南虞城创立的。从万历后期至崇祯年间，同善会组织在江南一带盛极一时，武进、无锡、昆山、嘉善、太仓等地相继设立同善会，集会劝善。同善会在江南的盛行与东林党人的倡导不无关系，明末东林党著名成员高攀龙、陈志行等人就参与其事，“好义者百余人应之”（高攀龙《高子遗书·同善会序》，文渊阁《四库全书》本）。遂促成同善会在无锡的顺利发展，崇祯五年至十七年（1632—1644），陈龙正组织嘉善同善会，共召集了五十一次大会，其势甚为隆盛。受江南同善会的影响，京城及各省府的贤士大夫也慕其高

① 周秋光、曾桂林：《中国慈善简史》，北京：人民出版社，2006 年，第 154 页。
② 周秋光、曾桂林：《中国慈善简史》，北京：人民出版社，2006 年，第 153 页。

义，纷纷仿此设会，借助每次集会进行劝善演说，并施米舍钱助贫帮困，旌奖节孝，以促成乡里形成一种人人为善的良好风俗。

日本学者夫马进的研究，使我们对同善会的源流有了一个明彻的了解。虽然万历十八年在河南虞城出现了最早的同善会组织，但它的流行却是在江南地区。从万历后期到崇祯年间，江南的武进、无锡、嘉善、太仓、昆山等地先后创立了同善会。江南地区最早的同善会是由东林党人钱一本在其家乡常州府武进县创立的。根据高攀龙《高子遗书·同善会序》的说法，钱一本创建的同善会每年聚会四次，筹集经费，实施救济，“俾寒者给衣，饥者给食，病者施药，死者施棺”。江南地区同善会的另一个重要变化在于，除了贫穷这一物质标准外，还对救济对象提出了严格的精神方面的要求，从而表现出明显的道德取向，体现出强烈的教化性质。在这方面，无锡同善会与嘉善同善会最具典型。

无锡同善会的创立者高攀龙、陈幼学、叶茂才、刘元珍等都是东林党的著名学者。由于受到友人钱一本的影响，他们商议创建无锡同善会，其目的是想要建树良好的社会风气，并以此消除杀气，挽救日益衰颓的时势。嘉善同善会是由举人出身的陈龙正于崇祯四年（1631）创立的。他创建同善会的契机，虽说是受了无锡同善会的影响，但从他给友人汪念源的信中可以看出，还受到南宋时期朱熹的启发。（《几亭全书》卷 42）与无锡同善会一样，嘉善同善会也进行演讲，劝人为善为诚。明末江南地区同善会的创办者，一般都具有进士、举人或者生员的功名身份，有些人有过为官的经历。他们往往结成团体，利用群体的力量从事社会福祉活动。如无锡同善会的创立者高攀龙、陈幼学等都是东林书院的骨干，高攀龙不仅是进士，且官至都御史。嘉善同善会的陈龙正、周丕显都是举人，魏学濂是生员。太仓同善会的主要人物顾士琏是生员，而且同善会组织与太仓知州以及复社领袖张采也有密切关系。

入清以后，同善会仍有延续。康熙九年（1670）昆山遭遇大洪灾，百姓普遍受饥饿威胁，“于是官绅复举行同善会，饥民资以活者甚众”。但不久，随着东林党人的殁亡及其影响的削弱，同善会的慈善活动也渐趋沉寂。（光绪《昆新两县续修合志卷 1·风俗》）直到乾隆时期，同善会在江南的常州、嘉兴、苏州等府重新兴起，并且建有固定的会所，范围才有所扩大。①

纵观明清时期的民间慈善事业，主要有以下几个特点：

一是慈善主体广泛，不仅仅是士大夫、乡绅，而且随着商品经济的发达，商人成为慈善事业非常重要的一支力量，成为明清慈善事业的一个显著特征。此外，一些平民也参与

① 梁其姿：《清代慈善机构与官僚层的关系》，《“中央”研究院民族学研究所集刊》1989 年第 66 期。

到慈善事业，使慈善事业的主体扩大到一般社会群体。特别需要指出的是，尽管明清时期慈善主体的范围有了新的扩大，平民的慈善行为增多，但毫无疑问，儒家君子，或者说地方士绅仍是慈善公益事业的最重要主体。这一情况在江南地区表现得尤为突出。不仅在明末清初善堂、善会的发生时期，而且在清代的慈善活动中，随处可见到他们活跃的身影。从清代江南地区善堂的创立情况看，地方士绅担当了善堂的积极倡导者、踊跃捐输者和事务管理者的角色，（《嘉善县志・公署》）引县令罗某的话，把承办善堂说成是“善邑贤士大夫之责也”。至于具体的例子，可说是不胜枚举，如苏州的育婴堂，就是在“士大夫耆庶请有司”以后，由以进士出身的蒋德埃为首创建的。苏州锡类堂，虽由知府姚孔创建，但也是“延邑之有力而好义者十二人专司每月钱币之出入”“择士之精敏强干者十五人为司事”（同治《苏州府志・公署四》）。

二是组织化程度较高，管理也渐趋规范，特别是六文会，已经带有现代基金会的性质。

三是江南地区的善堂、善会重视道德教化。这不仅突出地表现在明代的同善会中，清代的一些慈善团体也带有这种倾向，恤嫠会、恤寡会、清节堂等专门机构的设立，即表明了这一点。这种情况当然与江南地区人文发达、文化知识水准高、传统伦理观念强有关。但在另一方面，由于商品经济的发展，拜金观念正在不断地冲击、侵蚀着传统伦理，于是在江南地区就出现了非常矛盾的现象：一些人拼命地维护传统的伦理观念，另一些人则在不断地对之发动冲击，力求摆脱传统观念的束缚。江南社会异彩纷呈，令人眩目。两种观念的尖锐对立，正是明清社会处于变革时期的深刻反映。

中　编

志愿服务篇

第三章

志愿服务实践

生活是一个整体，但我们常常只能从一个角度或一个侧面来观察。志愿服务可以从不同角度来理解，我是从学习的角度来理解的，志愿服务是一种很好的体验学习方式，也是服务学习的载体，这和校内集中式学习不同，它可以实现课程与社区的结合，但是实际去做还存在很多困难。

我对志愿服务的认识有一个逐渐变化的过程，开始时把志愿服务当作公益活动来实践；再后来发现志愿服务应当走向服务学习，在实践中学习，在体验中学习；再后来又认识到服务学习还不够，要走向公益创业。在日常实践中，我常常会记下自己的心得体验，这里是我最初的一些心得。

第一节　如何认识志愿服务

参与志愿服务，首先要对志愿服务工作的性质特征有正确的认知，错误的认知将极大地影响将来的志愿服务工作，甚至会导致志愿服务过程中一些不愉快的事情发生。当然，由于志愿服务在中国的发展历程还不长，志愿服务的观念还不是很普及，发展过程中必定存在这样那样的问题，除了志愿者参与志愿服务的心理动机需要端正之外，还要对志愿服务有正确的理解。

志愿服务涉及的领域过于宽泛，不同领域做的工作差别巨大，资深的志愿者也会从各自的角度对志愿服务工作产生不同的理解。从国际志愿服务发展的现状来看，志愿服务应当成为公民的一种责任，同时是公民参与社会生活的重要渠道。志愿服务是精神文明活动的良好载体，也是中华民族传统美德在新时期的体现，它可能会慢慢发展成人们的一种良好生活方式，是人们参与社会生活并发挥个人聪明才智与能力的重要途径。志愿服务工作应当是政府工作与市场的补缺，而不是替代，台湾的志工条例就明确界定志愿服务是一种辅助性的工作。

刚从事志愿服务的人会出现一些认识误区，这些误区不克服，很可能让志愿者产生一些心态上的变化，需要加以克服：

（1）对志愿服务充满了过多的激情与热情，承担了过分的责任，过分强调志愿服务的重要性。从当前情况来看，大部分的志愿服务活动对解决根本性普遍性问题的作用还不是很明显。首先，志愿服务大部分是人们利用业余时间进行的活动，发挥的作用肯定小于职业化专业化的团队，就像支教永远不能替代正规教育一样。但是志愿服务活动对社会的精神文明建设和良好风尚的推动是有极大帮助的，可以引起社会对弱势群体的关怀，可以整合社会资源解决一些社会问题，像广州启智服务队就把自己定位为志愿服务文化的传播者，这是切合志愿服务实际的。其次，志愿服务是尽己所能的行为，尽己所能也就是说不能超越自己的能力，只是志愿者在有限条件下发挥自己有限能力的行为，超越了自己的能力，必定会给自己带来很重的负担和压力，所以志愿者在参加志愿服务之前，要充分评估自己的时间与能力，不要因为志愿服务而影响到自己的正常工作与生活，要把志愿服务同自己的兴趣、能力、专业、时间等结合考虑，实现“我志愿，我快乐”。

（2）做志愿服务，却不被人理解。这是志愿者碰到的很普遍的问题，明明自己在做好事，为什么别人不理解自己？有的是志愿服务的项目内容不被社会理解，开展志愿服务工作的困难与压力非常大，2005 年北京就有动物保护志愿者自杀的事件发生，其中一个重要的原因就是动物保护这一志愿服务领域的社会认知度并不高，工作时压力重重。理想是美好的，但是也要面对现实。通过志愿服务的示范作用向社会传播爱心是志愿服务的重要内容，但是必须看到，凡事皆有度，社会并不一定会完全理解或接受有些志愿服务活动，过度很可能会出现一些别的问题，特别是现在社会诚信机制还没有完全建立起来，人们对陌生人的爱心还是存在怀疑和警惕性的。比如在治安不好的火车站，要是帮助困难旅客拎包，很可能被人怀疑。有时对“志愿服务是有爱心的行为表现”的说法也有理解上的偏差。难道不做志愿服务的人就没有爱心吗？如现在讨论中的动物权利保护法，有的人对弱势群体有爱心，却反对动物保护者对动物的爱心，同样是爱心，却互不理解。

在招募志愿者、募集志愿服务资源等问题上，也会经常碰到不被他人理解的情况，很多人因此产生很强的挫折感，明明自己在做对社会有益的事，为什么别人却不理解，甚至是冷嘲热讽？志愿服务必须是建立在人们自愿的基础上，也就是说参与或不参与都是人们自己的选择，另外，人的精力是有限的，只能参与一些自己感兴趣的志愿服务项目，而不是因为有爱心，就无限制地对各类志愿服务项目都要求参与或表示爱心。被人理解的最好方式是先了解对方的需求，再在恰当的时机用恰当的方式表达。

（3）爱心透支。做志愿服务要避免爱心透支的情况发生。有的志愿服务是针对孤贫病残等群体的，志愿者容易产生悲天悯人的情怀，甚至产生救世主的错觉，做志愿服务有时变成了自己心灵的净化，变成了为自己心中的那份感动而产生的执着。虽然这没有什么不对，但是在自己与他人的爱心被透支之后，会产生疲惫与无助，志愿服务变成一种负担，很多人或许会离去，或许会产生一些负面的心理。志愿者甚至越做越孤独，人群离他越来越远，因为大部分人是无法透支爱心的。做志愿者之前就要对自己的心理做一个正确的评估，自己的心理承受度是多少？自己能奉献到什么程度？

（4）占领道德制高点。当前有些场合是把志愿服务当成“学雷锋”精神的体现，把参加志愿服务作为道德高尚的表现，并没有理解到，志愿服务应当成为人的一种生活方式，不能拔高到过高的地位。一些从事志愿服务活动的人容易产生道德上的优越感，忘记了人们其实可以通过多种方式来表现道德层面的素养，并不一定完全要通过志愿服务的方式。占领了道德制高点，容易对他人和社会的一些事情进行指责或批评，愤世嫉俗，而忘记了自己本来要做的事情。所以从事志愿服务，一定要培养平常心，平常心对事，平常心对人，平常心做志愿服务。

（5）对志愿服务的定位模糊，界定不清。志愿服务本应是政府与市场之外的辅助性工作，但是有些志愿者在做志愿服务的过程中，不但关注自己能力范围能解决的事，也花很多精力去关注自己没有能力解决的问题。或是在志愿服务过程中，发现一些不良现象，从做志愿服务转向发牢骚或是对社会现象的批评。其实这些只是志愿服务的附属品，而不是志愿服务关注的焦点，正是因为有这样那样的问题，才有志愿服务存在的空间，如果一切都很合理，也就不需要志愿者了。

（6）更容易关注体力劳动和物资捐赠一类志愿服务活动，对智力类志愿服务不是很重视。扶助老弱病残类的志愿服务活动容易得到社会认知，容易得到社会的重视和资源的投入，但是同时也要关注那些能从根本上帮助人的志愿服务工作，应吸引更有能力的机构或人如政府、企业、学者等参与到志愿服务当中，用他们的智力与财力解决一些根本性的问题。如“宝贝回家”活动取得了社会志愿者、全国政协委员濮存昕的帮助，在两会提交了关于杜绝儿童拐卖、乞讨的提案，就取得了很好的效果。

这些认知问题的存在在当前志愿服务发展初期是有一定合理性的，但是随着志愿服务的发展，需要加以克服。人们往往容易居高临下地去帮助他人，却不容易以平等心去帮助他人；人们容易帮助弱势群体，却对自己身边的群体冷漠、忽视。

第二节　如何认识志愿者身份

按目前国内《志愿服务条例》的界定来看，志愿者基本被视为一种身份，但是这是怎样一种身份，需要好好研究。

所谓志愿者，就是从事志愿活动的人，和消费者、劳动者、观光者、步行者等一样，是一种称谓。这种称谓在当前是具有一定的褒义的，对于刚从事志愿服务的人来讲，是带有一定的荣誉感属性的。

“志愿者”是不是一个荣誉称号？我们知道，“先进生产工作者”是一种荣誉称号，志愿者在很多人的印象中，提起来也是一种荣誉称号，当自己刚成为志愿者时，有一种自豪感，甚至是道德上的使命感。但是很多志愿者做了一段时间之后发现，实际情况似乎并不是这样的，有的人感觉越做志愿者越受气，越有挫折感；有的感觉被人冷嘲热讽；有的甚至害怕对别人说自己是志愿者。当然，这和社会的大环境有关，志愿者不以物质报酬为目的的行为在熟人社会之间很容易理解，大家也很愿意为熟人做些不以物质报酬为目的的事情。但是涉及陌生人，就比较难了。而志愿者做的事情是针对陌生人的，这个有时很难被人理解，认为是傻子或是被怀疑成别有动机。期待社会环境一下子改变是不太现实的，所以很多志愿者做事选择低调的方式，并带着平常心进行着志愿服务。过多地给志愿者赋予荣誉的属性，容易造成志愿者和一般人之间的隔膜，甚至有时造成一定的排斥感。有的志愿者也反映做多了志愿服务，工作单位有意见。所以最好是把“志愿者”界定为中性词，并广泛宣传这是人们参与社会生活的一种方式、一种渠道，它并没有特别的地方，它只是你选择的一种生活方式，志愿者也是普罗大众，是人人都可以成为的角色。

志愿者身份取得的前提什么？消费者是从事商品消费而自然获得的身份，那么志愿者身份应当是从事志愿服务活动而获得的。从目前来看，志愿者的身份，是加入志愿组织而获得的，但是中国的志愿组织有的是正式注册的，有的是由民间组织的，有的是临时组织的，情况非常多样。如果从一些法律条文的角度来看，志愿者大部分是指注册的志愿者。但是按当前的现状，有些民间志愿组织还没有注册，他们的志愿者是非注册志愿者，另外还有一些志愿者，他们更关注行动，而不在意是否注册。还有一种情况，纯属个人偶发的行为，如帮助盲人过马路，这不是志愿组织组织的行为，一般不适合说是志愿者，但是如四川地震中自发前去救援的人们，很多开始不是志愿组织组织去的，但他们在救灾过程中组织化，还是称作志愿者。

志愿者的身份可以一直拥有吗？这也是值得思考的问题。生活中有的人做过志愿者，就一直说自己是志愿者，这种理解恰当与否，是值得考虑的。通常个人从注册并得到志愿组织接受起，就算是拥有志愿者的身份，直到本人退出志愿组织时，结束志愿者身份。但是在目前的情况下，志愿者的流动性很强，很多人注册之后，很少参与志愿服务活动，或是参与几次之后就不再参与，甚至不再和该志愿组织联系。所以对志愿者的身份理解最好是，以个人的实际的志愿服务行动做载体时，才算是志愿者，也就是说从事志愿服务活动时是志愿者，志愿服务活动结束后就结束志愿者身份，这样更符合志愿者流动性强的实际情况。

另外，作为个人，应当可以同时参加多个志愿组织，那他的身份实际上可以是在多个志愿组织的志愿者之间切换的。所以，按从事志愿服务活动的时效性来界定志愿者，相对来讲是比较符合志愿者流动性强的特点的，基于这种角度而实行的志愿者管理方法也是比较科学的，如联合国规定，做志愿者最长不能连续超过八年，有的组织根据志愿者个人的空闲时间情况，实行志愿者骨干的任期制等。一味提倡志愿者要坚持，并一直拥有志愿者身份，实际上是不符合志愿者业余性的特点的，应当尽量创造条件让人容易参与、乐于参与志愿服务，这才是最重要的。

在志愿服务是一种生活方式的理念下，社会能创造出尽可能多的让人乐于参与、便于参与志愿服务的机会。人人都可以根据自己的时间和精力等情况，灵活安排时间参与各种自己感兴趣的志愿服务，人人都能成为志愿者。

第三节　尽己所能做志愿服务

志愿服务的承诺是：“尽己所能，不计报酬，帮助他人，服务社会。践行志愿精神，传播先进文化，为建设团结互助、平等友爱、共同前进的美好社会贡献力量。”

志愿服务的工作内容可以是贡献时间、智力、资源等，但是这一切都有前提：尽己所能、自愿。有些人并不理解，造成现实生活中有些爱心人士的被动。

有这样的一些情况，有的富人捐了款，献了爱心，媒体曝了光，被称为爱心人士，没想到麻烦却找上门了，一些需要求助的对象比如传说中的索捐者就找上门，请求其捐款，如果不捐助，就马上指责：“你不是有爱心吗，为什么不帮助我？你的爱心是假的，你是个骗子！”结果造成不做慈善没人骂，做了慈善反而有人骂，在这种环境下，逼得一些富人只能低调或是隐姓埋名地做公益慈善，因此有的慈善人士感叹在中国做慈善很难。这实际上是社会有些人没有理解，志愿服务是尽己所能的，个人不是救世主，不可能帮助到所有的人，个人和志愿组织也不是政府，不可能解决大量人的问题，每个做志愿服务的人，只能解决政府暂时没有精力与能力顾及的问题，只能帮到部分人，而不是所有人。

还有的志愿者有时会受到冷嘲热讽，“你是志愿者，你为什么不来帮帮我呢！我也很需要帮助呀，你是志愿者你不帮我，你这人还说是志愿者呢！”“你是志愿者，你碰到这事为什么不去帮别人？你不是志愿者吗？这有人要帮呀。”碰到这样的言论，有时真的很无奈，一方面说明社会大环境对志愿服务还不是很理解，认为这些事不是普通人能做的，没认识到这其实是自己也能做的；另一方面也是由于我们的教育长期缺少责任感教育所致，再加上物欲至上的思想影响，精神层面上的事情，有些人理解起来似乎有点困难。

还有的志愿者在从事志愿服务时，承担了太多的责任，甚至承担了自己不应当承担和没有能力承担的责任，造成无力、无助、无奈等负面心理。比如看到山区贫困儿童、孤残儿童，个个可怜，心底的良知被呼唤出来，个个想帮，个个去帮，结果没能力帮，反而产生了自责的心理。比如有的志愿者到灾区救人，但是目睹人员遇难，自己却无力挽救他人的生命，产生了精神心理上的危机，甚至造成了抑郁症。志愿者只是在尽己所能的前提下，在自己能力范围内做一些事，而不是做所有的事。但是榜样的力量是无穷的，每个志愿者从点滴小事做起，从而影响身边更多的人，那就不同了。

志愿者也不可能替代专业的人员，就像民间反扒志愿服务队永远不能替代警察，志愿者助学不能替代学校，志愿者扶危济困不能替代民政部门，消防志愿者不能替代消防员一样。政府关注的更多是公平公正和程序正义，要让绝大多数人普遍受益。志愿组织关注的是效率和少数人的受益，比如给山区儿童捐款助学，志愿组织可以只选定几所学校的学生来直接点对点帮助，没有人会有意见，但是政府部门的操作远远没有这么简单。

志愿服务是尽己所能、自觉自愿的行为，它需要爱心，也需要智慧和理性。

第四节　做志愿者就是收获

志愿服务是公民社会的基石，是每个公民的权利与责任，志愿者就是普普通通的人，只是在做一些普普通通的事而已。有人说做志愿者就应该默默无闻地奉献。奉献？错了，我们可以换一种想法来理解，是收获，做志愿者就是收获。在现在的社会环境下，大部分人都不愿被人贴上一些与道德有关的标签，那样会不自在的，要找到利己的理由，要有一定的收获，人们就愿意做志愿者了。

志愿服务是普通人的事业，但是，做志愿服务的心要不普通，普通人是利己的，同样，无论你是多么无私的志愿者领袖，也必须找到一定的利己的理由和适当的行为，虽然做志愿者收获不到金钱，但是一定会收获到别的更有意义的东西。

常说志愿者必须有爱心，没有爱心如何谈志愿服务呢？每个人都不缺少爱心，只不过有的人的爱心是对熟人，有的人的爱心是对陌生人，志愿者针对陌生人的爱心，会有意想不到的收获，在救援四川地震的时候，有一个在广州太平洋电脑城开店的小老板，把自己公司的办公场地捐出来，用来做救灾志愿者开会和接受捐赠物资的基地，每天忙着讨论救灾的事情，生意也暂停不做了，问他有什么感想，他说，“以前也没有想过自己会做这些没有回报的事，但是我要挣钱，要养家糊口，没有钱的事我是不能一直做的，这样的日子要结束了，我要正常营业了。”但是他想了一下，又补充道：“虽然没有钱，但是这些日子感觉特别爽，比挣钱还爽。”

案例一

春运志愿服务——全新的体验

恻隐之心，人皆有之——孟子

一、志愿活动体验过程

2008 年春运，南方突发大雪灾，几十万人堵在广州火车站。我在网上浏览灾情新闻，看到现场图片时，深受震撼，作为外来的广州人，对春运的经历深有体会。1 月 28 日，我的一个 QQ 群里突然跳出一条信息：转发广州市青年志愿者网站的一封公开信：“为了确保 2008 年春运工作安全、有序进行，根据市委、市政府有关会议精神，按照市春运办统一部署和安排，现组织志愿者开展春运志愿服务工作。”我突然被触动了，感觉自己不能再待在房间里上网了，我要去火车站做点事。我在电话里和老婆商量了一下，老婆犹豫了一会儿就同意了。我本着去了再说的想法前往火车站，自己估计也就是待一两天吧，没想到时间过得很快，一晃就待了七天，人在做事情的时候很难意识到时光的流逝。

春运应急服务是一段难忘的经历，让我体验到一种与以往完全不同的生活方式。平时重复着上班上课，下班回家，看书备课，过着一种与社会若即若离的生活。在春运服务过程中，却体验到了另一种完全不同的人生，精力与潜能一下爆发出来，做了很多以前没有想过的工作，虽然累却快乐着。

我主要在荔湾区国际贸易大厦附近从事志愿者工作，这个安置点是临时机动的，有旅客来时要安置旅客，没旅客时还要做大量临时性的工作，每天都有新鲜的事情要做。回想起来，短短一个春运期间体会这么多种工作也是一大收获，是人生中一份难得的回忆。另外，由于我到火车站现场比较早，年龄相对其他志愿者又大点，在大家都没有应急经验的情况下，还做了些负责指挥的工作。

（1）接线生的体验。我在QQ群看到春运招志愿者的通知后电话报名，团委的杨同志同意接收后，我自备干粮马上前往。由于交通管制，对路线又不熟悉，边走边打电话问才找到地点。到现场发现负责协调的团委干部一直在接无数志愿者问路的电话，嗓子都说冒烟了。我主动提出帮她接志愿者问路的电话，当了一回接线生。说了无数遍一样的话，意识到接线生这工作真不容易做，要有充分的耐心，还要能仔细聆听，站在对方的角度进行指路，一直重复一样的回答，人很容易产生不耐烦的情绪，但是要控制住，不能着急上火，做哪一行都不容易。

（2）搬运工的体验。这是春运中做得最多的工作。广州市民捐来的应急救援物资很多，如旅客需要的纸箱皮、被子、食物等，需要进行卸货、搬运、分发等工作。卸货时，大家一起来参与，接力传递，开始不熟练，到后来有点像专业搬运工了。最苦的一次搬运工作是协助武警战士把捐来的五卡车物资运到地下负一层保管，里面不通风，地上积了厚厚一层灰，人一走动，灰尘到处飞，呛得都不敢呼吸了。很多志愿者一直待在灰尘堆里面搬东西，坚持到把所有的物资卸完才走。

（3）礼仪接待的体验。春运期间，大量旅客困在火车站，我们在安置点门口专门安排了志愿者做礼仪接待工作，负责接待过往的旅客到安置点休息。这工作看似轻松，只要站着说说话、打打招呼就行，但实际上没那么好做。接待旅客必须要站在人们可以看见的地方，冬天风很大，特别到了晚上，又碰上阴雨天气，基本上是站一个冻住一个。开始我们都没有组织经历，志愿者也没叫苦叫累，之后发现有志愿者冻感冒了，才发现问题，马上改成轮班制，把志愿者分成若干小组，在户外待半小时就轮一次班。安置点里万佳百货公司来的保安志愿者，见到这一情形，主动从他们公司送来一大缸姜汤给我们喝。

（4）服务生的体验。旅客一进安置点，就要开展大量的服务工作。开始都没有经验，服务工作有点混乱，一切都要靠观察后改进服务。旅客刚来安置点时，由于地面是瓷砖的，冰冷潮湿，无法坐着休息。经过观察讨论后，我们发现在地上铺纸箱皮是比较好的做法，就把救援物资的包装纸皮拆下来，给旅客当垫子坐。冰冷的冬天里，旅客非常需要喝一口热水，开始没有相关设备，发现后马上请后来的志愿者在来的时候顺便带上开水壶。

人为义而不为利工作时，会有另一种乐趣。这里的服务生虽然没有工资，但是工作能力和表现也不差，面对众多坐不上火车、挨饿受冻甚至情绪激动的旅客，需要做更多更细致的工作。比如刚开始接待旅客时，纸箱皮是我们临时找来的，数量远远不够，派发时场面有些混乱。我们迅速告诉所有旅客，物资优先发给小孩子和老人，然后到人群中寻找带小孩的旅客和老人，一个个为他们亲手送上纸箱皮，场面总算稳定下来了。以后再派发救援物资时，我们都坚持由志愿者一件件发到旅客手上，再也没有发生混乱的局面。

（5）交通协管的体验。春运后几天，实施由公交车接送安置点旅客进火车站的方式。路面上的旅客特别多，场面很混乱，海珠区的志愿者老耿发现这一情况，跑进来叫我帮忙。我出去一看，对面公交车边上只有一个交警，真是很难控制局面，如果再突然下一场暴雨，后果不堪设想。我们马上叫上几个身强力壮的志愿者，组成人墙帮助交警维持秩序。公交车一开过来，人群马上黑压压地挤压过来。很多旅客等了很多天，非常急切地想上车，数千人这样挤往只能装几十人的公交车，非常容易发生意外。我们连忙把安置点的志愿者召集出来帮忙，在公交车前面排成人墙维持秩序。有个没挤上公交车的旅客情绪非常激动，居然搬着行李坐在公交车前，不让公交车走。我们反复劝说他离开，他也不理睬。后来我们告诉他，这些做志愿服务的人，有的也是和你一样暂时回不了家的旅客，主动留下来为大家服务的，那旅客听说这情况，才自觉地离开。在密集的人群中充满了太多不可预测的因素，事后回想起来都有点后怕。

安置点工作较少时，大部分志愿者就跑到安置点外面的马路上，义务回答旅客的各种问题。从火车站步行出去，寻找公共交通工具回家是道难题，路过的旅客都把志愿者当成问路的对象。在无法解决问题的情况下，有些志愿者的手机还成了公共电话。

（6）派单员的体验。《广州日报》的工作人员第一时间为旅客送来了几千份报纸，方便旅客及时获得权威信息。派发报纸的任务看似简单，但也有很多要考虑的细节。报纸要派发到离开广州回家的旅客手上，但是安置点这边路上的大多是来广州的旅客，我们要穿过人群到马路另一侧去。出发前我们做了简单的动员，要排队去排队回，去多少人回来多少人，志愿者在工作的同时不能给交通添乱。我们每人拿上一叠厚厚的报纸，排成整齐的队伍，站到人群必经之处，怎么看都有点像派广告的，也容易引起旅客的误解，只好扯起嗓门大喊："《广州日报》，免费派送！免费派送！"之后还派了几次报纸，有次下雨了，就把最后一些报纸派给没带伞的旅客，也算是物尽其用。

（7）寻找母婴的工作。在春运回家的人群中，母婴是最弱势的群体。有关部门专门配备了车辆接送母婴，让他们优先上车进入火车站。因为资源有限，为了避免引起混乱，车辆停在安置点后面，需要我们在去火车站的人群中寻找母婴旅客，把他们带到安置点，然后一班一班地接进站。

从密集的旅客中仔细寻找抱小孩的旅客，然后接回来上车是件很不容易的事，不能过于声张，还要想办法说服旅客信任我们，如果抱小孩的旅客跟随的家属过多，还要做取舍的工作。有一次就碰到一个抱小孩的旅客，她有七八个亲戚同行，一起接回上车资源又不够，把亲属分开也不太可能，这时候真是很为难。后来指挥部考虑到旅客的信任感，派了五个警察和我们一起行动。

（8）送货的体验。我们需要把市民捐的物资派发到有需要的旅客手中。派发物资是有技巧的，比如物资不够时就要优先给小孩子和老人，雨伞要给没带伞的人，报纸要发给去火车站的人，食物要给看上去较穷较弱的人等。有次去马路上派发食物，去时排好队点好数，到了之后一点人数，居然多了两个。这两个人都没有带志愿标志，还以为是看热闹的旅客，差点给她们派吃的，问了才知原来是广东卫星广播的主持人靓靓，她们边广播边做志愿者，要和我们一起派发食品。在派食品时发现，路上维持秩序的警察一直站在风里雨里，似乎也没吃没喝，真想也给他们派发食品，但是想到这是广州市民捐赠给旅客的物资，只能作罢。最后天黑收工回去的时候，我们把剩余的一些萨其马硬塞给了警察。

在火车站进行志愿服务的日子里，不断有事要做，不断有情况要处理，很多事情都是从前从未遇到过的，但是人一样可以适应环境。在火车站，还要和不同的人打交道，在这种突发的自然灾害面前，人们的关系似乎简单了许多，从前不太可能交谈的路人，也可以亲密无间地交流，人与人之间少了一层防备。工作到很晚的时候，很多车主义务把我们一个个送回家。在打的去安置点时，的士司机听说我是去做志愿服务的，连的士费都不要了。

人生如此之多的生活体验集中在几天之中实现，不是三言两语能讲清的。三人行，必有我师，志愿服务作为一种生活方式，可以扩展人生的经历和生命的宽度，也是个不断向他人学习的过程。作为一种自愿行动，志愿服务更多是一种体验活动，情境触动是条件，感同身受是内因，付出的是时间与精力，收获的是丰富的生活体验和经历。

二、春运应急志愿服务的经验

做春运应急志愿服务的动机是感同身受，一旦参与进去了，整个人就被感染了。这是我这辈子见过的最密集的人群，看着滞留的急切盼望回家的人群，有种被需要的感觉；陪着一群群四面八方赶来的志愿者，有种志同道合的感觉，不知不觉就忘记了时间，整个人就与这里融为一体。

人之患在好为人师。春运应急志愿服务是一段比较特殊的经历，经验是人生的一种财富，可以与他人分享，但不敢说教育。

开始我主要从事志愿服务工作，后来大批志愿者前来，我又成了志愿服务管理者。我的电话被留在网上，每天都有人不断地打电话过来报名，每天都要安排志愿者工作。有一天接到佛山的志愿者打电话过来，说有需要随时召集几百人过来，让我挺感动的，但是有些大学生志愿者到了现场，却不知做什么，有的也缺少待人接物的经验，于是我又要从事新来志愿者的管理与培训工作。

我也没有应急服务的经验，主要靠仔细观察而取得经验，边工作边改进，同时不断写出经验总结，供主要成员讨论。

1. 春运志愿服务者的特点

经过观察，我发现前来做春运应急志愿者的人有如下特点：

（1）志愿者来自各行各业，都有帮助人的热心肠，热情非常高，一来就想工作，主动找事做，只要有事做，做任何事都很开心。

（2）志愿者年龄差别很大，学生居多，社会经验有些缺乏，与旅客沟通的技巧还需要提高，处理问题的经验不足，需要加强管理与培训。

（3）志愿者之间互不相识，大部分是下班后临时来的，能参加志愿服务的时间是不确定的，流动性很大，给管理与工作安排带来一定的困难。

2. 春运应急服务的管理经验

春运志愿人员的组织管理工作难度非常大，管理工作做不好容易挫伤志愿者的工作热情。由于春运情况复杂多变，需要志愿者做的工作往往是突发性的，要有一定的适应和应变能力。根据在荔湾区国际贸易大厦安置点的春运工作经历，我发现下面一些方法能明显提高志愿者的管理水平，并能有效地组织志愿者开展工作。

（1）建立一个比较强的领导组织协调核心，负责联系各方面的工作，沟通各种信息，指挥调度志愿人员。我们在一楼设了一个总服务台，作为协调联络沟通的中心，人员由一名团委人员和一些志愿者组成。主要工作是志愿人员登记、接受保管捐赠物资和协调沟通安排人员调度。

志愿人员登记表 1

姓名	性别	联系电话	服务班次	绶带登记	到位时间	离开时间

（2）分班制。春运工作是全天候的，我们把工作时间分成三班，早班早上 8 点 30 分至下午 4 点 30 分，中班下午 4 点 30 分至晚上 10 点，晚班晚上 10 点至第二天早上 8 点 30 分。这样分班有利于志愿人员选择适合自己的工作时间前来从事志愿工作，不能准时按班次来的先安排到机动组，然后再安排到各个班次中。

（3）分组制。由于志愿者非常多，我们把志愿者分成若干个工作小组，每层楼安排一个小组，还有一个机动组和一个接引组。很多志愿者是和熟人朋友一起来的，或者已经在这里工作过一些时间，互相熟悉了，分组时尽量让志愿者自由分组，然后根据各组的实际情况，进行适当的调整，比如安排一些有经验的志愿人员到新来的志愿组中，每个组设一个组长，负责联系沟通与协调，组长尽量由组员自己选出。分完组后，再安排一些人员组成机动组，处理一些临时性的工作。

于是我们又重新设计了登记表格，便于管理。

志愿人员服务登记表 2

时间：________

志愿人员填写						协调人员填写					
序号	姓名	性别	联系电话	到场时间	离开时间	班次	组号	楼层			备注
1											
2											
3											

（4）及时沟通交流并总结经验。对志愿工作中发现的问题，要及时向指挥协调人员汇报，好的经验马上总结和推广。指挥协调人员要经常碰头商量一些事务的处理，在意见不一时，举手表决，迅速决策，比如有志愿者反映洗手间等位置没有标识，就马上组织人员制作标识。另外，在没有事情时，可以安排志愿者坐在一起交流工作经验，避免无事可做的局面。

3. 春运应急志愿者的培训

对新来的志愿者来说，现场是完全陌生的环境，做的事情也是完全陌生的，要找有经验的人员对其进行简单的培训，才能有效地开展工作，如：

（1）熟悉现场情况。带新来的志愿者熟悉一下安置点内外的地理环境，比如旅客的入口位置、开水设备的位置、洗手间的位置等，旅客一有需要可以马上指路。还要熟悉一下安置点周边的地理位置，比如地铁口的方位、公交车的方位、商店的方位等，在路上可以帮旅客指引交通。

（2）交代主要做的工作。由于这个安置点是临时的，很多工作任务是临时安排的，可以根据这段时间来的工作经验及预期，告诉志愿者大概要做的一些工作，让志愿者心中有数。志愿者在实际工作中也可以发现一些需要做的事情。

（3）提示常见的注意事项。光有好心不一定能做好事情，需要有经验的人分享工作的经验，比如尽量不要帮助旅客拿行李，帮旅客拿行李是好心，但是人流量过大时，万一走散了，好心反而办了坏事；给旅客发放物资时，要志愿者一个个亲自发放，不能让旅客过来拿，那样会引起混乱；不要和旅客产生任何金钱关系，包括代买物品，这样容易引起误会等。

（4）注意志愿人员的精神风貌。在比较混乱的环境中，志愿者更要注意自己的整体形象，特别到马路上工作时，一定要有队列的意识。整齐的队列，可以保证通行的秩序，也不容易发生安全问题，对混乱无序的人群也有一个很强的暗示作用。

4. 春运志愿服务工作指引

仅仅培训是不够的，我回家编写了一个《志愿者工作指引》，打印了很多份，分发给新来的志愿者。

志愿者工作指引

（1）到达现场之后，要迅速熟悉环境，如指挥部在哪，负责人是哪几位，洗手间在哪，旅客进场的位置在哪，楼梯、电梯、热水器的位置等。这些情况在回答旅客问题时可能有用，另外有条件的还要熟悉大楼周边的地理环境，如公交车站位置等，旅客有交通问题时可以帮得上忙。

（2）到达现场后先登记，再领取志愿者标志物，走之前归还志愿者标志物。

（3）分完组后，迅速熟悉小组成员，便于开展工作。

（4）各班人员换岗时，要交接清楚工作。

（5）服从安排，听从指挥，不要各自行事。

（6）注意仪表，热情服务，碰到无法解决的问题向上反映。

序号		工作内容	参考说明
1		接引旅客进场	位置在大楼正门外侧的左边路口，后面有个侧门可以上楼，一般是让旅客从这个侧门上楼。接引旅客的人要注意分清，不要把去对面等车或去别的地方的旅客拉引进来，这里是暂时提供给旅客休息安置的。旅客进场时，先安置到七楼，七楼满了再到六楼，如此顺序
2		帮助路过的人	没有旅客到达时，在场外的志愿者可以帮助路人回答一些交通问题。有条件的可自带地图
3		烧开水	旅客到达后，需要喝热水和泡方便面，预先把保暖瓶的水装好
4		分发物品	主要有分发纸箱皮、被子等。但是要注意，如果别的部门做了，就尽量不要插手
5		稳定局面	安定旅客情绪，稳定局面，不要让局面发生混乱，这是重中之重
6		回答旅客问题	一些能回答的问题就回答，关于火车车次的问题，不知道的，只能说不知道
7		寻找可能需要帮助的旅客	如带小孩子的、生病的、年纪大的，主动过去询问是否需要帮助，并主动提供服务
8		估计现场旅客的数量	以便估算所需要的物资
9		指挥中心交代的其他任务	如寻找愿意在广州家庭过年的妇女儿童，在交谈中尽量劝导旅客留在本地过年，搬运物资等
10		其他事情	

再后来发现这份工作指引还不够，实际工作中有大量旅客安抚工作要处理，我又为志愿者编写了一份经验指南——《旅客进场工作顺序及工作要点提示》，帮助志愿者迅速熟悉工作。

志愿者非常重要的任务是：安抚旅客情绪，稳定局面，不要让局面发生混乱，在此情况下尽力服务旅客。

旅客进场工作顺序及工作要点提示

（1）上楼。需要注意的问题：不要帮旅客拿行李，防止出现意外事件。除非是特别有需要的，可以让他先别走，等别的人全走完了，再帮他拿。

（2）进场。要安排人在楼门口接，指引旅客到指定地点坐下。工作要点：如果现场有警方人员安排，就按警方的意思处理，一般是由志愿者带路，尽量把最先进场的旅客带到最里面的地方安置，这样后面的一个个跟上，不容易乱。提醒旅客在警戒线内休息。

（3）旅客进场后，会找吃的、喝水等，先不要服务，尽量劝他们在原地坐好，局面平静下来再提供服务。

（4）接下来，就要准备发纸箱皮，如果纸箱皮没有到位，提醒人员尽早安排。发东西时要防止出现混乱。一定要控制住场面，由志愿者发给个人，不能让他们自己来拿，如果旅客一起拥过来拿，第一，告诉他们，人人都有，坐回原地一个个发，不然就不发了。第二，如果物品不够，要马上声明，先只发小孩、老人和病人，然后再考虑女人，不达条件一律不给。这样旅客容易接受，也不会乱了。

（5）旅客全坐下来后，第一件事是想喝热水，吃个热饭，要组织旅客排好队，优先给病人儿童，倒热水不要烫到人，饮水机的水给喝热水的人倒，热得快烧的水用来泡方便面。

（6）志愿者集中在饮水机附近，很快会有人来问问题，需要帮助解决一下困难，如果问到有无车的问题，只能说不知道，不是你力所能及的事。

（7）在局面稳定下来以后，两人到三人一组，转一圈现场，找找有没有需要帮助的人，顺便提醒旅客吸完第一支烟后不要再吸。

（8）现场有很多部门，都要各司其职，尽量协助警方做好工作。如果明确是其他部门管的事，不要随便插手。

要注意的一些问题：

（1）不要和旅客发生任何金钱关系，包括代旅客买食物等。可以提醒一楼就有万佳的物资卖，和超市一个价，没有加价的，从楼梯就能下去。

（2）分发物品时，要亲自发，物资不够时，先发小孩和老人。不能让旅客过来拿，一定要注意不要引起混乱，注意语言艺术。

（3）注意公平，在物品不足时，宁可都不给，也不能厚此薄彼。

（4）做不了的事情一定不要许诺。

（5）旅客确有困难自己解决不了的汇报给指挥部的人。

（6）志愿人员最好定时到饮水机边上集中，不要过于分散，统一行动。

（7）旅客发牢骚时多体谅，要注意沟通的艺术和处理问题的技巧。

案例二

为爱远征——骑行玉树支教活动

一、项目缘起与策划

“二战”后的十年中，各国政府开始提倡青年的旅行和文化交流，从而有效增进全人类间的共识，以防止世界性大战的再次发生。义工旅行已是国外很普遍的一种教育方式，西方国家的青年在升学或者毕业之后工作之前，会进行一次长期的旅行（通常是一年），可以在步入社会之前体验与自己生活的社会环境不同的生活方式。19 世纪，壮游已经变为欧洲的成年礼，出现了“ Gap Year”(间隔年)。“间隔年”就是入读大学之前的一年，这一年里不是读书，而是必须壮游（西方称为“Grand Tour”）并参与义工服务，以此迎接“长大成人”，完成成年礼。如今，壮游也仍是西方国家，尤其是欧洲国家教育中重要的一环。英国教育部认为，壮游可增强外语能力，提升个人竞争力，包括独立精神、人际关系、解决问题的能力、自我约束力和沟通能力。更重要的是，许多人因此找到人生的方向，那是完成自我的最大动能。英国每年参加Gap Year的学生已超过了中学毕业生总数的 1/3。英国教育界普遍认为“间隔年”有助于学生的个性发展，增强学生的自信和社会责任感。

在旅途中做义工，这对于很多热爱旅游又热心公益的人而言是件乐事，其实这类活动在国外早已发展成熟，不过国内却还是刚刚起步，即使是走在前沿的香港，也只是去年才有专门的义工旅游组织出现。前往世界各地的义务工作营，目的地和工作性质都十分新鲜，比如到墨西哥保育海龟，去东欧马其顿生态农场制作芝士，到蒙古的大草原，跟孤儿们一起打理菜园和清除杂草……义工旅游恰如旅游版的“出奇蛋”，一次性满足“旅游 +义工 +交流”的 crossover愿望，让旅游者借着小区建设、艺术交流等服务，亲身体验当地人的生活和文化，享受一场丰盛的心灵之旅。这种特殊的旅游经历会让人受用一生，义工旅游回来，会让人更懂得感恩。

目前，公益骑行是比较适合大学生参与的义工旅行，原因如下：

（1）降低义工旅行的成本，自行车一天可以跑出一百多公里路，结合火车汽车，很容易以低成本的方式到达远方。

（2）降低公益的难度，“旅游 +公益 +运动健身”的模式，把人的兴趣与公益结合起来，将会吸引更多的人参与公益事业。

（3）骑行公益的主体是驴友，一般驴友都心胸开阔，心怀远方，见多识广，很容易接受在旅行的同时做些公益。

（4）“旅游＋公益＋运动健身”的模式，能够在助人的同时实现自助。

公益骑行能做的事很多，车轮能到的地方，可以和各类公益组织的项目整合，比如贫困学校的探访、爱心物资的传送、贫困者的回访、科普旅游、环保宣传、公益宣传、山区文化支教等。总的来说，公益骑行主要有以下内容：

（1）探路。发现一些可以做公益的路线，做好踩线的工作，为将来出行的志愿者队伍探好路。

（2）调研。如承担公益调研任务，走访调研贫困地区的情况，对受助对象进行探访等。

（3）传送。把爱心物资传送到服务点去，如收集城市儿童的文具、图书，送到农村小学去。

（4）发现。发现公益，如寻找沿路的公益组织，将公益组织的情况公布，为志愿者做义工旅行指明落脚点，发现文化、历史、环保等方面的一些公益机会。

二、活动背景和目的

2010 年 4 月 14 日，地处三江源自然保护区，巴颜喀啦山以南的青海省玉树藏族自治州发生了 7.1 级强地震。这样一场突如其来的自然灾害让本来就经济落后的玉树雪上加霜。玉树教育条件相当困难，为了支援灾区教育事业，关注灾区孩子的受教育情况，7 月初，在华南师范大学教育技术信息学院刘冰老师的大力支持下，研究生胡鹏组织了包括校内校外 12 名学生的团队远赴玉树开展骑行支教“为爱远征”活动。

本团队希望通过自行车长途骑行的方式，唤起人们的关注，参与灾区的重建工作。学高为师、身正为范，团队最后停留于玉树县隆宝镇寄宿中心小学支教。除了给灾区孩子带去科学知识外，也把亚运精神带到他们身边。

三、活动时间、地点和人员组成

骑行宣传时间：2010 年 7 月 17 日至 7 月 30 日

支教时间：2010 年 8 月 1 日至 8 月 20 日

支教地点：青海省玉树藏族自治州玉树县隆宝镇寄宿中心小学

骑行人员：6 名

支教人员：12 名（包括骑行人员在内）

这些成员分别为：华南师范大学地理科学学院旅游规划与管理专业硕士研究生胡鹏，华南师范大学地理科学学院地理教育专业硕士研究生徐智娟，华南师范大学公共管理学院行政管理专业本科生黄泽雄、郑贵添、李鹏鹃，华南师范大学教育技术信息学院摄影专业本科生梁晓云，华南师范大学教育技术信息学院传播专业本科生莫柳，华南师范大学计算机学院软件工程专业本科生廖东明，华南师范大学旅游管理学院国际酒店管理专业本科生杜燕淑，海南大学海洋学院水产养殖专业本科生王成，中国海洋大学海洋生物学硕士研究生王致鹏，太原师范学院资源环境与城乡规划管理专业本科生马臻。

四、活动内容和过程

1. 收集爱心篇

募捐活动是“骑行玉树，支教灾区”活动的前奏，目的在于呼吁更多的人关注玉树藏族自治州的教育现状，为玉树的孩子献出自己的一片爱心，真正做到心系玉树。募捐活动的主题是“与爱心为伍，让玉树与你为邻”。此次募捐活动号召同学们捐出 5 元钱，购买一套文具，并由“骑行玉树”的队员们沿途送给西部的孩子。爱心流程如下：捐五元钱—代买文具—骑行访查—捐给孩子—公布捐款去向。

本团队分别于 6 月 22 日在华南师范大学大学城校区以及 6 月 26 日在华南师范大学本部成功进行了收集爱心的宣传活动。团队在活动过程中发动同学们捐款 5 元，再由骑行队伍代购价值 5 元的文具带至沿途学校捐赠给贫困学生，主要对象为中小学生。活动得到广大同学的响应，其中大学城总共募得捐款 1 032.3 元，本部款额为 1 011.5 元。虽然活动告一段落，募捐队伍依然不断接收到来自同学们的捐款。除此之外，这两次的爱心活动还收集了大量的文具、御寒衣物、体育用品等，这些物资将被统一打包发送至团队所支教的学校。

此外，该活动亦得到社会群众和团体的支持。河南濮阳的李萍老师得知该活动后，便热心地在该校开展募捐活动，为灾区收集了大量的衣物。

在支教过程中，本团队还从经费里挤出部分资金购买文具、方便面、粮油等物资赠送给孤儿贫困儿。后期得到了玉树蓝天救援队的捐赠，团队还发送了一批御寒衣物。与此同时，还发动各方力量为该校募捐了大量的衣物。

2. 爱心骑行——汶川玉树心连心篇

骑行队员由华南师范大学胡鹏、黄泽雄、郑贵添、李鹏鹃、莫柳以及海南大学的王成组成，除了莫柳外，其他人均为户外活动爱好者，其中李鹏鹃为国家级运动员，王成是跆拳道手。

按照原计划，骑行队于 7 月 17 日从汶川遗址公园正式出发，沿途经过都江堰、映秀、卧龙、邓生、日隆、小金、丹巴、八美、道孚、松林口、炉霍、甘孜、马尼干戈、雀儿山、德格、马尼干戈乡、起坞乡、石渠县，共计 1 300 多公里，最终抵达玉树灾区。但由于映秀到卧龙的路上塌方，考虑到队员的人身安全，骑行队被迫改道。

于是从映秀首行，前后途经卧龙、映秀、汶川、里县、古尔沟、米亚罗、马尔康、石里乡、翁达镇、炉霍、甘孜、马尼干戈乡、起坞乡、石渠县、玉树结古镇。队员们一路颠簸、一路艰辛，风餐露宿，再苦再累，也没一个人抱怨过。跌倒再爬起，更不曾言放弃。啃夹老干妈的烙大饼、搭帐篷露宿草原……风吹雨打，仿如《西游记》中的西天取经。最初的三天以及最后的三天是队员们备受考验的日子，但是患难见真情，翻越两座大山后，大家都激动地把手交叠在一起。那份感动，骑行队员们永驻心间。"一个也不少"，十六天里历尽磨难、骑行 1 200 多公里后，骑行队六人顺利于于 7 月 29 日下午到达玉树县结古镇。

16 天骑行流程一览（7 月 14 日至 7 月 29 日）

时间	主要事件	路程
7 月 14 日	出征玉树	
7 月 15 日	抵达成都	
7 月 16 日	挺进映秀	
7 月 17 日	首发骑行	映秀—卧龙—映秀—汶川
7 月 18 日	收集爱心	汶川—里县—古尔沟
7 月 19 日	龟速前进	古尔沟—米亚罗
7 月 20 日	爆胎事件	米亚罗—马尔康
7 月 21 日	巧遇残疾运动员	马尔康—石里乡
7 月 22 日	倒下也继续	石里乡—翁达镇
7 月 23 日	达炉霍县	翁达镇—炉霍
7 月 24 日	炉霍休整	
7 月 25 日	大饼午餐	炉霍—甘孜
7 月 26 号	草原露营	甘孜—马尼干戈乡
7 月 27 号	患难见真情	马尼干戈乡—起坞乡
7 月 28 日	美味早餐	起坞乡—石渠县
7 月 29 日	三江源会师	石渠县—玉树县结古镇

骑行总结：

2010 年 7 月 16 日至 7 月 28 日，“为爱远征”骑行组七人从“5·12”地震震中映秀出发，历经 13 天，骑行 1 200 公里，到达“4·14”地震灾区玉树。骑行途中，本团队注意宣传公益事业和亚运会，沿途引起很多人的关注，得到很多好心人的支持和帮助。

本次骑行活动还是非常成功的，沿途没有出现意外事故。开始几天的路况非常差，由于川西地区是雨季，到处都是泥石流和塌方，时常有石头从山上掉下来，但队员的安全意识较高，对路况较危险的地方都先仔细观察，确定安全之后才通过。走汶马公路时是最辛苦的，平均时速不超过 10 公里。虽然全身湿透，饥肠辘辘，但大家都咬牙坚持，坚决不坐车，不说放弃，大家都在挑战自己，超越自己。遇到队员状态不好的时候，大家都相互照顾，相互鼓劲，相互呐喊加油。后面几天，由于人烟稀少，海拔较高，条件很艰苦，中午没有地方吃饭，大家就啃烙饼，吃老干妈。晚上住宿没有旅馆，就打地铺，即使这样队员们也从来不叫苦叫累。有的队员甚至生病了也依然咬牙坚持，不愿拖累队友。队员的团结、友爱、互助的精神，支撑着我们圆满地完成活动，这也是本次活动成功的最重要因素。

3. 志愿支教篇

地震过后，无论是学校，还是社会各界，除了物质、资金上的帮助以外，还应该把另一种关爱也送给灾区孩子，那就是激励他们坚忍不拔，从小就树立起不怕艰苦、靠努力奋斗改变逆境的思想理念。同时让孩子们平复情绪，逐步回到灾后课堂的正常教学秩序中去。自然，这是灾区孩子最需要的。

灾难过后，孩子们还有一次考验，那就是如何树立新的人生观。如时任总理温家宝所教导的，自强不息，独立无惧，靠自己的双腿站立起来，去搏击人生，成为国家的栋梁之材。而目前最需要的是，要教育灾区孩子正视困难，学习本领，树立自强不息、坚忍不拔的精神，在国家和社会各界的帮助下，用自己的双手改变贫困处境，去创造美好幸福的新生活。因此，我们在对灾区的孩子进行物质资助的同时，也尽自己所能地对他们进行自强自立、靠自己的力量战胜困难和逆境的人生观教育。

本着以上的教学目的和原则，支教课程将包括两类：常规课程和特殊课程。常规课程包括语文、数学、科学。这些课程有利于孩子了解外面的世界、了解新兴科技、改进学习方法、培养学习兴趣、增加生活乐趣；同时放松身心，或者建立一项对今后生活有益的兴趣爱好。这一部分，我们将根据自己的专长和当地儿童的特点来设计，根据当地学校的教学安排来确定。特殊课程主要包括艺术和游戏类内容，让孩子在其中得到心灵伤痛的释放和淡化，感受到外界对他们心灵上的关心，重建对生活中美好事物的希望。在前期我们主要准备的是特殊课程的教案。在授课方式上面，我们将采取灵活多样的教学方式，让学生在轻松的环境中不仅得到知识技能的学习，也得到情感态度价值观的教育。

支教总结：

2010 年 8 月 1 日到 8 月 20 日，“为爱远征”团队在隆宝镇中心寄宿学校进行了为期 20 天的支教活动。

结合学校每个年级的具体情况，教学分三段：第一周四五年级；第二周三年级；第三周一二年级。为了不影响学校的正常教学进程，所有授课时间都限定在下午。其中课程包括语文、数学、科学、团体游戏、舞蹈。第二周，由于该校统考临近，加之三年级共八个班，教学任务非常重。经过磋商，团队老师只教三年级语文和数学两个主要科目。同样，二年级的教学计划也如此，但同时也组织两个组给二、三、四、五年级的学生们教授亚运宣传课。

教学期间，团队成员与当地的老师以及学生打成一片，基本教学都能按计划顺利完成。当然，最开始一两天还是不太能适应这里的氛围，经过大家开会讨论，相互交流经验想法，教学逐渐步入正轨。

在教学中，队员也体会到很多经验方法是很有效的，能够提高积极性，拉近和学生的距离：

（1）多与学校老师交流，多去听老师上课。这样就可以了解学校一贯的上课节奏，这也是学生已经适应的。在上自己的课之前，一定要去听一堂相应任课教师的课。初来乍到，经验是没法比的。

（2）要允许课堂气氛的活跃。藏族小孩在课堂上保持安静是基本不可能的，学生们喜欢在写作业时边写边唱。所以不能强制他们保持安静，只要不影响课堂秩序，都是允许的。

（3）课前做一个小游戏有利于活跃课堂气氛。在每节课开始时花上五六分钟做一个小游戏，孩子们会非常兴奋，他们对于做游戏的热情是非常高的，这样也有利于课程的开展。游戏包括手拉手、猜东西等。

（4）多介绍些新鲜有趣的东西。此行的目的之一就是把有趣的外面世界介绍给学生们。小孩大都是喜欢新鲜事物的，学生经常会缠住队员让你教他们英文，给他们起英文名。由于在牧区，不能保证都收看到电视节目，他们的知识还是比较贫乏的，认为大海就是指“青海”。类似的东西每节课涉及一些，会有很大好处的。因此有队员单独拿出一节课来给他们介绍大海。

（5）适当的奖励有利于调动积极性。团队把一些募捐来的文具带到学校，主要是铅笔和本子。上课时用来奖励回答问题积极者，或者回答正确者。一支铅笔虽然算不了什么，但老师的奖励对学生还是有很大的激励作用。当然，我们的教学活动中也有不足，主要是准备还是不够充分。

（6）活动前对于牧区的条件了解不够深入，也没有充分了解小孩子们的成长环境，特别是高估了他们的汉语水平。生活在牧区，没有电视，许多学生是从小在纯藏语环境中长大的。普通的对话可能没有问题，但是如果讲解数学题和细节的东西，他们只能够接受藏语，这如同英语外教不可能给中国学生讲解高等数学一样。

（7）教学刚开始时出现过短暂的混乱情况，这主要是由于没有经验。后来更改安排，一定的人对应确定的班、确定的课程，既有利于和学生的交流，也有利于保证课程的质量。

（8）在准备亚运宣传课的时候，资料没能及时到位。虽然准备了无线网卡，但没意识到那里是不通3G网络的，事先没准备充分，只能临时派人到州里上网查资料。

总体上看，我们的活动还是十分成功的，最主要的是给了老师们轮休的时间，带给了学生们外面的视野。对于我们自己，当然也收获颇多，我们也对自己的作为感到满意。

案例三

“走遍广州”公益志愿活动

SCNUGYP公益拍团队由华南师范大学一群热爱摄影、热心公益的大学生组成。公益拍，诠释爱，用镜头记录瞬间，用爱心传递公益！

“只要你行走，就能与你生命中的真相相遇。”

这是著名演员、歌手陈坤在其发起的心灵建设类的公益项目——“行走的力量”中所收获的独特感受。2012年，他的新书《突然就走到了西藏》在社会上掀起了一阵小旋风。行走，是一种怎样独特的魅力呢？相信只有行动过的人才能有所感悟。

近日，校园“三走”活动举办得如火如荼，华南师范大学在校园夜跑活动之后，有了一个响应“三走”的“走遍广州”公益徒步项目。这个由教育信息技术学院社会学老师指导发起、2013级新闻传播系学生自发组织的活动，旨在鼓励大家走下网络，走出宿舍、走遍广州，在锻炼身体的同时去发现广州不为人所知的美丽一面，活动吸引了校内不少同学参与。上周日，大部队从华南师范大学本部徒步到欧陆风情汇聚的沙面。在这里，为大家奉上沿路见闻。

徒步路线：华南师范大学正门—穿越暨南大学到达暨大正门—穿过跑马场—穿过珠江公园—经过猎德村—猎德大桥—广州塔—中山大学—海印大桥—大元帅府—海珠桥—“少

女天堂”之广州迷途主题旅馆—解放大桥—沙面。

1. 珠江公园

珠江公园又名花城广场，坐落在珠江新城中心腹地，是一个集观赏、游憩、文化、休闲于一体的高级公园。园内绿草茵茵，雕塑奇石点缀其中，溪水穿桥绕径。园中园的空间布局和岭南建筑风格为游玩者带来远离喧嚣之感。

2. 见证广州变迁的猎德村

猎德村取名自西汉著名思想家扬雄《法言义疏·学行》“耕道而得道，猎德而得德”，是追求完美道德的意思。猎德村有900多年的历史，人杰地灵，历史上村里曾经出过2位进士，2位解元，9位举人以及86位秀才。看惯了夜间多变美妙的小蛮腰，白天的钢筋之美也别有趣味。骄阳欲出未出，柔光轻泻，远远看去反倒有一番玲珑美感。

3. 中山大学

中山大学作为南粤最高学府，智慧冠绝南粤自然无可非议，那何来浪漫呢？徒步到此，发现中山大学牌坊门面朝着珠江夜景最美的地方，想必明月夜，中大情侣牵手漫步江边可是“必修课”！

4. 海印桥

海印桥连接越秀区和海珠区，因桥北端位于羊城三石的海印石而得名。海印桥形似一艘双桅船在旭日初升时扬帆远行。夏夜，则像伴着潺潺流水奏响乐章的两把巨大竖琴。

5. 大元帅府

大元帅府是“全国重点文物保护单位”，1917—1925年间，孙中山先生曾两次在这里建立大元帅府，领导开展“第一次护法运动”“第二次护法运动”和“国民革命”。

6. 海珠桥

海珠桥饱经沧桑，作为交通战略要地，“二战”时桥体开合器曾遭侵华日军飞机轰炸震毁，解放战争期间大桥主体又遭国民党政府军队特务炸毁。中华人民共和国成立后经广州市政府组织修复，得以恢复大体样貌。

7. “少女天堂”之广州迷途主题旅馆

广州迷途主题旅馆坐落在海珠桥下的一侧，若不细心寻找，还真难以发现它的踪迹。馆内有各式各样的动漫饰品，这个以动漫为主题打造的旅馆为漫迷们提供了一个绝佳的住宿选择。

8. 解放大桥

14：30左右从华师出发，走到解放大桥时已是黄昏。傍晚的珠江边不再是车水马龙。夕阳下，珠江波涛粼粼，水浪声声却隐隐笼罩在一片安宁与祥和中。偶然看到一对父子漫步江边，恍然想起今天是父亲节，相机下的偶照，也许在行走中的他们眼里，世界就是父子俩……

9．欧陆风情汇沙面

沙面，曾称拾翠洲，原是珠江冲积而成的沙洲。宋、元、明、清历代均为国内外通商要埠和游览地，现为国家级文物保护区。岛上古树多，绿化环境甚佳，是广州最具异国情调的欧洲建筑群，也是婚纱摄影胜地。

第一个走遍广州的是一位来自澳大利亚的小伙子——Karl，他用六年的时间走遍广州，并绘制出《广州徒步地图》。在他的绘图里，广州许多不为人知的风情小巷、美味小吃尽在眼前。他曾说“广州人的生活朴实而自然，相比于纽约、北京和上海，广州更有浓郁的市民气氛”“广州是最适合走路的城市”。第一次亲身实践徒步广州，虽然只走了 20 公里左右，还远远说不上是广州的百分之一，却给人带来不一样的旅行感受。许多人总说广州脏、乱、差，然而，当你亲身去接触这座城市时，你会发现它美丽的一面。“徒步广州”正是看到了现代大学生宅宿舍、迷网络的弊端，想要鼓励和带动更多的人通过行走来锻炼自己，在行走中探索和学习。

“有时候，你与世界只差一场旅行。”行走，也是一种旅行，在行走中发现自己的力量，全身心去感受这座城市，我们的青春，会是一场又一场激情的远行。

下 编

项目实践篇

2016 年 11 月教育部等 11 个部门印发了《关于推进中小学生研学旅行的意见》（以下简称《意见》），要求各地将研学旅行摆在更加重要的位置，推动研学旅行健康快速发展。《意见》指出，中小学生研学旅行是由教育部门和学校有计划地组织安排，通过集体旅行、集中食宿方式开展的研究性学习和旅行体验相结合的校外教育活动。开展研学旅行，有利于促进学生培育和践行社会主义核心价值观，激发学生对党、对国家、对人民的热爱之情；有利于推动全面实施素质教育，促进书本知识和生活经验的深度融合；有利于满足学生日益增长的旅游需求，从小培养学生文明旅游意识。《意见》提出，要将研学旅行纳入中小学教育教学计划。各中小学要结合当地实际，把研学旅行纳入学校教育教学计划，与综合实践活动课程统筹考虑，促进研学旅行和学校课程有机融合。根据该文件精神，在高职学生中进行研学旅行教育，同样很有必要，这有助于学生树立正确的世界观、人生观、价值观，增强学生对中国特色社会主义的道路自信、理论自信、制度自信和文化自信，这与高职院校思想政治教育的理念高度一致。

当前，我国正在为建成社会主义现代化强国而奋斗，人才培养的质量关系到中华民族伟大复兴中国梦的实现。思想政治理论课是高校培养优质人才的主渠道。作为思想政治理论课的教师，我们肩负着为我国社会主义现代化建设培养具有正确世界观、人生观和价值观的接班人的重任。因此，除了在课堂上对学生进行思想政治理论的教育外，我们也需要开辟出一条让学生能亲身参加社会实践的渠道，从而在广阔的社会实践中培育学生的爱国主义精神和改革创新的时代精神。为推动思想政治理论课的教学效果落地生根，我们教研室（“毛泽东思想和中国特色社会主义理论体系概论”教研室）全体老师利用 2017 年的暑假时间，先行深入到广州市的相关游学景点进行广泛考察调研，在紧密结合课堂教学内容的基础上，挖掘各个游学景点的优质实践资源，并撰写了各个游学景点的体验报告，以此作为今后带领学生进行实地游学调研的参考，这对于培养学生成为合格公益实践活动的志愿者，将来更好地为社会提供公益游学活动，具有重要意义。这里面，包括传统文化游学景点、红色文化游学景点以及改革开放游学景点三大模块，这三大模块的景点充分结合了本课程教学的相关章节和内容，与教材和课堂教学内容实现了良好的衔接。课堂理论教学和游学景点的实地考察相结合，使广大青年学生做到知行合一，从而为他们今后从事公益实践活动奠定良好基础，进而成为未来祖国现代化建设所需要的合格人才。

项目一

“西汉南越王博物馆”游学志愿服务体验报告

一、游学目的与依据

“毛泽东思想和中国特色社会主义理论体系概论”是一门对大学生进行思想政治教育的主干课程，多年来，这门课程对提升大学生的政治理论水平和思想道德素质发挥着重要作用。十八大以来，党和国家领导人尤其是习近平总书记高度重视从中华民族优秀传统文化中汲取营养，与马克思主义理论、中国革命史以及改革开放等理论一起，共同构成对大学生进行思想政治教育的主渠道，从而大大充实和拓展了思想政治教育的理论来源。

中华民族具有五千年璀璨的文化传统，留下无数的文化瑰宝。传承中华民族优秀传统文化是大学生义不容辞的光荣使命，而了解、传播本土历史文化传统无疑是传承中华民族优秀传统文化最直接、最有效也是最能获得认同感的一种方式。广州作为一座具有二千多年历史的文化名城，其深厚的广府文化传统更是值得我们今天细细了解、认真研究。

广州历史的源头最早可追溯到西汉时期的南越古国。南越国，又称南越或南粤，因其建立者为赵姓，所以在越南又被称为赵朝，是约公元前 203 年至前 111 年（一说公元前 204 年至前 112 年）存在于岭南地区的一个国家，国都位于番禺（今广东省广州市）。全盛时疆域包括今天中国广东、广西的大部分地区，福建的一小部分地区，海南，香港，澳门以及越南北部、中部的大部分地区。南越国是秦朝将灭亡时，由南海郡尉赵佗起兵兼并桂林郡和象郡后，于公元前 203 年建立的。公元前 196 年，赵佗向西汉皇帝刘邦称臣，南越国成为西汉的一个“外臣”。约公元前 183 年，南越国与西汉交恶，赵佗开始称帝，其后，闽越、夜郎、同师等国皆臣属于南越国，南越国的势力影响范围扩张至顶峰。公元前179年，南越国与西汉修好，赵佗再次向西汉皇帝汉文帝称臣。公元前113年，南越国第四代君主赵兴因向西汉请求“内属”，而和丞相吕嘉发生争议。公元前112年，吕嘉杀死赵兴，立其兄赵建德为新君主，并与西汉对峙。同年，汉武帝出兵10万发动对南越国的战争。公元前111年（一说公元前112年冬），南越国灭亡。南越国共存在93年，历经五代君主。

1983年，南越王墓（墓主为第二代南越王赵眜）发掘工作完成后，广州市委、市政府做出了“就地建设南越王专题博物馆，保护古墓，陈列出土文物”的决策。1988年，南越王博物馆建成并正式对外开放，博物馆主要展示南越王墓原址及其出土文物，此外还有南汉、宋、金以来的陶瓷用品400余件。

带领学生游览体验南越王博物馆，是全面了解南越国的人文、经济、社会、历史和岭南建筑的重要途径，有助于增进大学生对广州悠远历史的实际体验，增强大学生对广州的热爱，同时增强学生对岭南建筑文化的了解。这种游学经历，有助于帮助学生树立正确的世界观、人生观和价值观，提升学生的文化内涵和审美品位，提高学生的思想道德水准，这与思想政治理论课的教学目标具有内在一致性，是提高思政课教学效果的“第二课堂”。这个校外“第二课堂”的教学可以承继校内第一课堂教学的相关内容，提升教学的生动性、趣味性与实际的观感，增强第一课堂的教学效果。

二、游学景点介绍

1983年6月，在广州解放北路的象岗山上，发现了西汉初年南越王国第二代王即南越文王赵眜的陵墓，随后相关政府部门组织了挖掘。南越文王墓的发现，被誉为近代中国五大考古新发现之一。南越王墓，是岭南地区所发现的规模最大的唯一汉代彩绘石室墓。墓中出土文物一万余件，其中“文帝行玺”金印、玉角杯、错金铭文虎节、印花铜板模、平板玻璃铜牌饰等文物具有重大历史、科学、艺术价值，集中反映了两千年前岭南政治、经济和文化等多方面的内容。南越王墓是中国20世纪80年代重大考古发现之一，1996年被列为全国重点文物保护单位。

南越王墓的主人赵眜，是南越国第二代国君，故事要从他的爷爷赵佗讲起。秦始皇统一六国后任命任嚣为主将、赵佗为副将，一起率领大军征讨越人聚集的岭南。公元前214年平定岭南后，任嚣被委任为南海郡尉，赵佗被委任为龙川县令。秦始皇死后，秦二世胡亥即位，胡亥实施残暴统治，使得民怨沸腾，激化了社会矛盾，引发陈胜、吴广等农民起义，其后，又有刘邦、项羽等揭竿而起。据记载，南海郡尉任嚣临死前把时任龙川县令的赵佗召来，向赵佗颁布任命文书，让赵佗代行南海郡尉的职务，而后向他阐述了可依靠南海郡傍山靠海、有险可据的地形来建立国家，以抵抗中原各起义军队的侵犯。赵佗杀了秦朝安置在南海郡的官吏们，换上自己的亲信。秦朝灭亡后赵佗起兵兼并桂林郡和象郡，在岭南建立南越国，自称“南越武王”，上表西汉朝廷成为西汉的藩属国。由于武王赵佗活了一百多岁，第二代国君只能从孙子里面挑了，赵眜就是赵佗的孙子，也是南越国第二代国君。文王赵眜在位一共 16 年，长期患病，性情软弱，没什么建树，他在闽越国侵犯南越国之时，巧妙地把汉武帝搬了出来，让汉武帝来对付闽越，得到了汉武帝的赞赏，同时自己也不用因为战争大伤元气。

南越王墓室建筑面积约 100 平方米，仿阳宅形制建造，坐北朝南、前朝后寝，分前后两部分，分别由石门隔开。墓前部为前室、东耳室、西耳室；后部为主棺室、东侧室、西侧室和后藏室。墓主葬具为一棺一椁，安放在主室正中。墓中不仅放置了诸多奇珍异宝和生活用品，还随葬了 15 个殉人，作为他地下的仆役。南越王墓及其随葬珍品是南越国的重要历史遗存，对研究秦汉时期广州乃至整个岭南地区经济、政治、文化的发展具有重要的意义。1996 年，南越王墓被国务院公布为全国重点文物保护单位。

南越文王赵眜墓原址保持棚

南越文王赵眜墓墓道

南越王墓经过科学发掘后，为保护文物，展示南越国的文化，广州市委、市政府决定修建一座博物馆。1988 年正式对外开放的西汉南越王博物馆，建筑面积 17 400 多平方米，主要展示南越王墓原址及其出土文物。博物馆以古墓为中心，依山而建，将综合陈列大楼、古墓保护区、主体陈列大楼几个不同序列的空间有机地联系在一起，突出了遗址博物馆的群体气派，是岭南现代建筑的一个辉煌代表，曾获得六项国内外建筑大奖。博物馆还设有杨永德伉俪捐赠的陶瓷枕专题陈列和不定期的临时展览。博物馆现藏陶瓷枕多达 400 余件，制作年代由唐迄民国，以宋、金为主，数量之多、品质之精、窑口之广在国内同类收藏品中均属罕见。

南越王博物馆综合陈列大楼

南越王博物馆主体陈列大楼

南越王博物馆保存了大量的珍贵文物，现将其中代表性的文物列举如下：

（一）玺印

帝印“玉印”

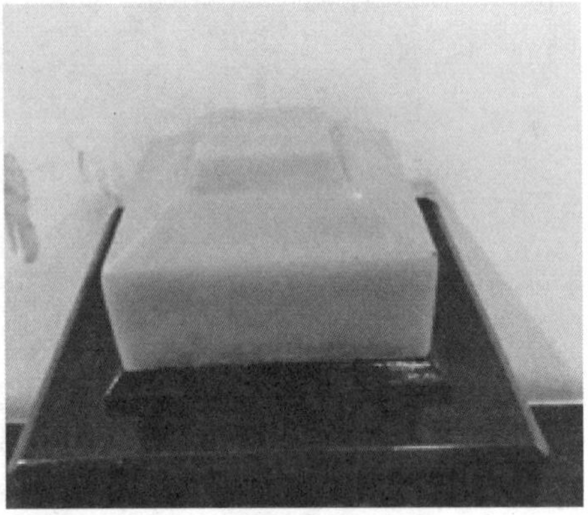

赵眜玉印

（二）玉器

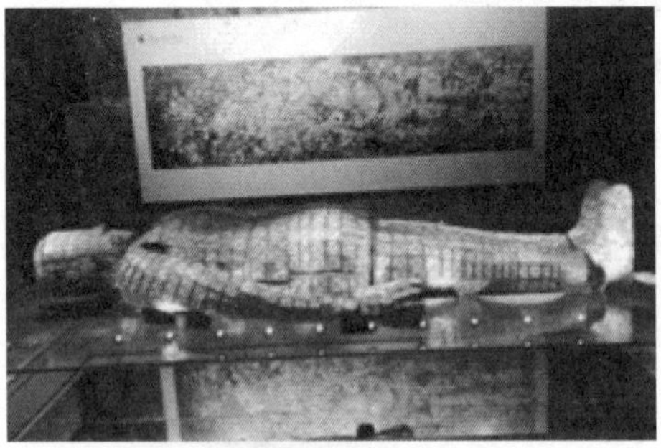

丝缕玉衣

龙凤玉佩

（三）铜器

“蕃禺”铜鼎

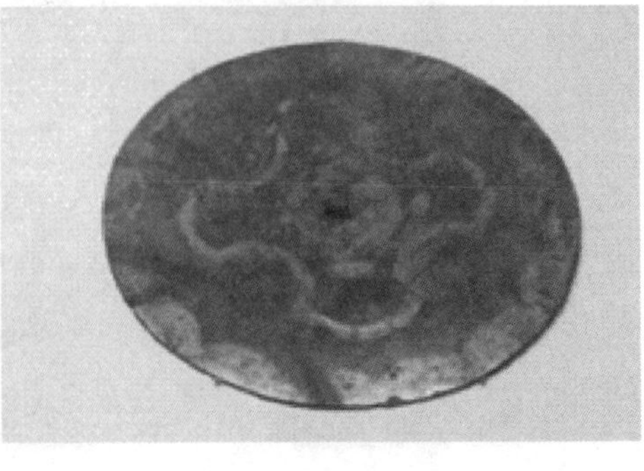

铜镜

（四）金银器

银卮

象牙卮

（五）陶器

“长乐宫器”陶瓮

陶壶

三、游学路线及门票

西汉南越王博物馆地址：广州市解放北路 867 号。

邮编：510040。

开放时间：周一至周四为 9:00—17:30，周五至周日为 9:00–21:00（全年开放，2 月 28 日、8 月 31 日闭馆检修）。

电话：020-36182920。

传真：020-36181030。

服务：可提供中、英、法、日、德、西等语种的简介、录像介绍和导览服务。

交通路线：203、273、552、7、543、211、29、33路公交车解放北路站下；地铁二号线，越秀公园站E出口。

门票：全票10元，半票5元。

免费人群：70岁以上老人、广州市65岁以上市民、广州市中小学生、残疾人、现役军人。

四、问题研讨

问题一：参观之后，你对南越国哪些文化最感兴趣？为什么？

问题二：南越国文化对后来岭南文化的发展具有哪些意义？

问题三：作为一名大学生，你认为在现代社会应该怎样传承与创新性发展南越国文化？

五、作业布置

请同学们参观完之后，完成一次作业。作业的形式多样，可以是调研报告、心得体会、微视频、摄影、绘画、诗词、书法或游记散文等。请于参观结束后两周内提交作业。

六、游学总结

西汉南越王博物馆是我国华南地区最大、最具规模的一座博物馆，它气势宏伟，庄严瑰丽，代表了岭南建筑文化的精华。里面收藏的展品丰富，充分展示了古南越国的人文、历史、经济及社会面貌。参观这样一座博物馆，有助于增强我们对祖国悠久传统文化的热爱，增强民族自豪感和传承民族文化传统的责任感、使命感。南越王博物馆是广州城历史文化的标志性场所，它见证了广州绵远悠长的文化历史。可以说，南越国是广府文化的渊源，同时又荟萃了中原文化、荆楚文化和吴越文化，把中原文明、长江流域文明与南越文明很好地糅合在了一起，经过千年演变、发展，遂有了今天的岭南文化和岭南风情。作为在现代大都市快节奏下的广州人，闲暇时候游览这样一座博物馆，既大大增长了历史文化知识，又让身心得到了放松，因此，这样的游学活动是非常有意义的。

项目二

“番禺学宫”游学志愿服务体验报告

一、游学目的与依据

番禺学宫的历史漫长悠久，从封建时代作为重要的祭孔场所，到新时代的中学、革命时期的干部学校乃至伤兵医院和今天的博物馆，这里发生的一切都与历史的变迁息息相关，但历史的变迁又富有深刻意味，在某种程度上，今天番禺学宫仿佛又回到了原来的角色。

曾经被打倒的番禺学宫，在今天牌号再次被擦亮，继革命教育之后这里又有一个新亮点——文化传统教育的场所。孔子像重新立起来了，每年为小孩子举行的开笔礼也是一项重要活动。让孩子穿小博士服，游泮池，取状元井水，用状元巾洗面，拜孔子像，启蒙老师用朱砂为孩子点痣开智，手拿“学业进步”吉祥语到金桂树许愿……据说这是模仿过去中国传统中对少儿开始识字、习礼的开蒙仪式。虽然今天的做法只剩下了仪式感，但传统文化的回归显而易见。

我们思政课讲马克思主义中国化，要立足于传统文化；讲思想道德修养，要从传统文化中继承发扬。番禺学宫的兴衰见证历史沧桑，正好给我们的学生提供一个实地感受历史的文化氛围。站在番禺学宫静穆的院子中，使人心灵宁静，与外面那个嘈杂喧嚣的城市恰好形成了鲜明对比。除了让学生了解明清时期县学的学制、学规和教学内容，增强学生对古代学校教育的认识，还能从学宫的环境布置中去体验古人对读书环境的基本要求：堂、室、场、廊要齐全，林木要交荫，气象要清新。这院中的大树，就是番禺学宫近两百年沧桑变迁的见证者，也是儒家传统文化的一个缩影。

二、游学景点介绍

番禺学宫位于广州市中山四路东段，包括现时农讲所全部以及广州图书馆东南角部分。番禺学宫与德庆学宫、揭阳学宫，并称广东三大学宫；与广府学宫、南海学宫，并称广州三大学宫。

学宫牌匾

明伦堂

万世师表

学宫一角 1

学宫一角 2

据清朝同治年间《番禺县志》记载，番禺学宫于宋朝淳祐元年（1241）在县东南5里创建，后来被毁。明朝洪武三年（1370）由知县毛忠、训导李昕建于东城内，后被火焚毁；洪武十三年（1380）重修于本址，为当时地区最高学府，建成后再次被火焚毁。清代以前为番禺县县学和祭祀孔子的文庙，每年农历二月、八月在此举行祭祀典礼。现时格局形成于清朝乾隆十二年（1747），道光十五年（1835）重修。原学宫阔三进，深五进，规模宏大。大门是花岗岩石雕琢的棂星门，正面有大成殿、崇圣殿、尊经阁；左侧有铺、土地寺、科庠、儒学署、明伦堂、光霁堂、八桂儒林、园、廊、名宦寺；右侧有铺、节孝寺、训导署、忠义孝悌寺、射圃、乡贤寺、廊等。戟门后有池畔一口，中建石桥，再进内是大成门，两旁是更衣所及东西廊庑。各种殿堂组成红墙黄琉璃瓦的建筑群。目前左右两路除左侧尚存明伦堂、光霁堂外大部分建筑已毁；中路建筑尚存棂星门、泮池拱桥、大成门、大成殿、崇圣殿，以及东西廊庑，东斋东墙上镶嵌有《番禺府县新生印金章程碑记》等6块碑刻。占地面积5 425平方米，主体建筑大成殿规模较大，面阔五间24.72米，进深14.22米，高12.62米，木质结构。1906年改为番禺中学堂的八桂中学，1926年毛泽东等主办的农民运动讲习班设于此。1953年辟为广州农民运动讲习所旧址纪念馆，1961年3月4日以广州农民运动讲习所旧址公布为全国重点文物保护单位。1965年维修时，挖空大成殿金柱腐朽部分，用钢筋混凝土加固，仍保持金柱外皮。

三、游学路线及门票

地址：广州市越秀区中山四路42号。

交通路线：1路、27路、76A路、76路、93路、102路、107路、108路、125路、211路、215路、243路、517路、864路、高峰快线53路、夜1路、夜2路、夜4路、夜9路、夜21路、夜27路、夜40路、夜78路农讲所站。地铁1号线农讲所站。

门票：本馆免费参观。团体参观请提前预约。

开放时间：周二至周日9:00—17:30（17:00停止进场）。逢周一闭馆。

四、问题研讨

问题一：进入番禺学宫，同学们的第一感受是什么？是否有一个地点或事物引起你的思考？是什么？为什么？

问题二：你怎么看番禺学宫的历史变迁？从中启发我们对传统文化的哪些思考？

问题三：明清时期县学的学制、学规和教学内容所展现的古代学校教育对于今天我们接受的教育来说有何借鉴意义？

五、作业布置

游学结束后，请同学们提交一份心得体会，配以一张自己拍摄的照片（只选一张你最喜欢最有感触最想记录下来的，最好附上文字说明），优秀作业将于学校公告栏专栏展示。

六、游学总结

走到中山四路 42 号农讲所门前，会发现这里有两个门，挂了两块牌子，正门上写着“农民运动讲习所”，但如果不注意看，你很容易忽略在它右侧的一道小门上方，还写着“番禺学宫”四个字。广州市民很熟悉农讲所，但大多数人都回答不出来番禺学宫在哪里，也是因为农讲所的重要纪念价值，番禺学宫才能够保存下来，成为广州目前唯一幸存的学宫，而不像广府学宫、南海学宫早已湮没。

番禺学宫是番禺县的县学所在地。走进学宫，尽管里面的陈列仍然以农讲所时期的革命遗迹为主，如当年学员们的宿舍、办公室、饭堂等，但古老学宫的气息仍然从建筑的每一块砖缝间弥漫出来，让人隐约能感受到当年的魅力，青砖红墙的古典建筑和上百年树龄的苍翠大树，使这里流淌着浓郁的静穆气息。风吹过，树叶在大殿的飞檐边哗哗作响，仿佛还在唱和着百年前的琅琅书声。

番禺学宫目前保存完好的建筑，包括中路的棂星门、泮池拱桥、大成门、大成殿、崇圣殿以及右侧的明伦堂。一进门，先看到的就是合为一个半圆形的两方泮池，一架石拱桥从中间穿过。睡莲开出小朵的花，鱼儿在浅浅的泮池水中流连。据《礼记》记载，西周天子谓学宫为“辟雍”，诸侯建的学宫谓之“泮宫”，泮即半，意为半于天子之宫。后人仿此制，建学校必设一个泮池。生员入学时都要绕泮池走一圈，因此也叫“入泮”。

走过拱桥，迎面而来的就是古雅壮丽的大成门，上书“番禺学宫”四个大字。四方端严的建筑、漂亮的瓦楞和飞檐，显得大气磅礴。过了大成门，进入一个幽静的院落当中。正面是祭祀孔子的主殿大成殿，东西两侧的厢房叫作“两庑”，当年是用来祭奠孔子的弟子和历代名儒的。在农讲所时期，大成殿是学员上课的场所，两庑则作为学员的宿舍使用。现在的大成殿内，已没有当年的孔子像以及孔子的牌位神龛，大殿已被辟为一个展室，展览当年课堂的内容。墙上正中挂有国民党党旗和国旗，墙上有孙中山、马克思、恩格斯和列宁的肖像。东西两庑则陈列了学员的木架高低床、简陋的行李和训练用的步枪。

绕过大成殿向后走，则是崇圣殿。崇圣殿是供奉孔子先世五代的地方。从清雍正元年（1723）开始，追封孔子先世五代合祀崇圣殿，各省府县不再另立祠。农讲所期间，崇圣殿被当作学员的饭堂使用。崇圣殿前的院子里长了几棵古老的参天大树，枝干遒劲、叶茂根深。想到这些树木曾经见证了多少人世的变乱，目睹一批又一批不同身份的人来来往往：秀才、军人、学生、伤兵……不由令人感叹。

从番禺学宫的方位布置不难看出，学宫是以祭孔为主的，孔庙的设计占据了学宫最中心的部分，而教学却是在一侧的明伦堂，堂前立着“文武官员至此下马”的石碑，20 世纪 70 年代末 80 年代初还被改建成职工宿舍，解决已婚职工的住宿问题，直到 90 年代新宿舍建成，才将职工迁出，重新修复开放。据说当年新入学的生员拜祭完孔子，都要到明伦堂来拜见老师，以后就在此上课。今日的明伦堂，堂上重立了孔子像，像前放着祭器、礼器，两侧还有编钟。堂前的院落狭长，铺着石板，两侧还有长廊。堂小而院深，不禁让人猜疑：当年的学生是坐在何处听讲的？岁月变迁，已很难考证，也许就是在堂前这个深长的小院里落座吧。

明伦堂和背后的光霁堂，正陈设着几个展览：孔子生平展、广东学宫展和中国科举文化展。展场有一座复原了的“广东贡院”，两名蜡像制的清代考生正在狭小的号房中答卷。有趣的是，原来作弊的历史与考试的历史一样源远流长，明伦堂陈列的一件清代夹带衣上，正反两面抄满了密密麻麻的文字，共有 353 篇约 20 万字！

番禺学宫故地以这样的方式告诉我们，文化的根，还在我们民族中深种，历史沧桑总有它展示的地方。

项目三

“陈家祠”游学志愿服务体验报告

一、游学目的与依据

组织学生游陈家祠，主要目的是让学生体验中国传统文化，加深对马克思主义中国化的两大理论成果——毛泽东思想和中国特色社会主义理论的认识和理解，促使学生从实际出发，接受、形成正确的指导思想。具体分述为如下几层目的：

（1）让学生欣赏陈家祠的建筑美，了解中国传统建筑风格，了解广东传统手工艺陶塑、木雕、砖雕、石雕、灰雕、铜铁铸、彩绘技艺，通过建筑院落和雕塑表现的各种民间故事，增加对中国传统文化的感性认识。

（2）让学生了解陈家祠的历史和功能，以及中国儒家文化中个人、家庭、家族的关系及家乡族人互助的重要意义，学习中国传统文化中积极奋进、建功立业、光宗耀祖等理念，使学生对中国儒家文化积极入世的精神有所体认，增强学生对自我、家庭、家乡、祖国的责任感。

（3）激发学生了解中国传统文化和中国国情的积极性，让学生了解中国文化和西方文化的差异所在，更好地理解马克思主义中国化的必然性，从中国文化的视角加深对毛泽东思想和中国特色社会主义理论的理解。

马克思主义是产生于西方的学说，运用马克思主义解决中国革命和建设的问题，必须与中国的具体实际相结合。在长期革命和建设实践中运用发展马克思主义，产生了毛泽东思想和中国特色社会主义理论两大理论成果。大学生学习毛泽东思想和中国特色社会主义理论，要解决几个问题：第一，马克思主义为什么必须中国化？第二，毛泽东思想、中国特色社会主义理论如何发展了马克思主义？第三，青年学生在建设中国特色社会主义实践中如何坚持正确的指导思想？解决这几个问题都离不开大学生对中国国情、中国文化的认识。当代中国政治、经济、文化发展都根植于中国传统文化的土壤，具有浓厚的中国特色，对中国特色的把握离不开对中国传统文化的认知。

中国传统文化历史悠远不绝，内容丰富灿烂，儒家文化、法家文化、道家文化、佛教文化各具特色又彼此影响，都曾有过璀璨的光芒，综合构成中华民族精神内涵。多种文化中对中国影响最为深远的是儒家文化，儒家文化是中国传统文化的正统。

儒家文化中最重要的概念之一是“家”。家是传统中国人个人生存的庇护所，个人的物质生活和生命流程在家庭中进行，个人的精神慰藉也在家庭中实现。家也是个人和社会联结的纽带，修身为了齐家，齐家才能治国平天下。国家治理，也是以家为基本对象，家族、祠堂是传统中国社会治理的基层组织。个人的成功带来的是光宗耀祖，个人的罪恶导致的则是株连九族。

西方文化以个人为本位，强调个人的意志与自由，面对生存的困境和不确定性，西方人精神上的依托是宗教信仰；中国人以家为本位，家国同构，又延伸为社会本位。强调个人对家庭、对社会的伦理义务，同时在面临困境和不确定性时，绝大多数的中国人不会求之于宗教，而是向家庭、家族、单位、国家寻求庇护。文化的差异、民众心理的不同导致中西方在政治思想领域存在很大区别，对于政府职能、民主概念、人权概念、程序正义与实质正义的价值，中西方的认知与评判标准是不同的。在中国建设社会主义现代化，应该走什么道路？这是马克思主义中国化要回答的问题。我们的道路是否正确不能用西方的标准来衡量。

对大学生进行思想政治教育，必须扎根于中国文化与中国国情，必须让学生对中国特色有深入的了解。对中国传统文化，我们也要有批判的精神，要用马克思主义世界观、方法论来取其精华去其糟粕。所以大学生学习毛泽东思想和中国特色社会主义理论，必须加强对中国传统文化的了解，而游览陈家祠，对广州的大学生来说是一项不错的游学活动。

二、游学景点介绍

（一）陈家祠的建成、变迁、发展

陈家祠，又称陈氏书院，筹建于清光绪十四年（1888），由陈昌朝、陈宗询、陈兰彬、陈伯陶等广东48位陈氏族中的乡绅名流联名发起，由当时广东72个县的陈氏宗族合资捐建，于光绪十九年（1893）落成。由于当时朝廷忌惮地方宗族势力的强大，一律不许在大城市建祠堂，故称书院，实质是祠堂。陈家祠是广东陈姓奉祀祖先的宗祠，同时办有书院供同宗子弟读书，又为广东各县陈姓宗族子弟赴省城读书应考、诉讼、议事等事

陈家祠正门

务提供临时居所。

光绪三十一年（1905）废科举后，书院改为“陈氏实业学堂”。民国期间，这里先后为文范学校、广东体育专科学校和聚贤中学。1950 年设立广州市行政干部学校。1957 年，经广州市人民委员会批准列为广州市文物保护单位，并由广州市文物管理委员会进行全面维修管理。1959 年，书院被辟为广东民间工艺博物馆。1960 年经省人民政府批准列为广东省文物保护单位。1988 年由国务院颁布为全国重点文物保护单位。2002 年及 2011 年以“古祠留芳”入选“羊城八景”，2006 年被评为“广州文化名片”，2008 年被国家旅游局公布为“AAAA景区”。陈家祠是广东现存规模最大、装饰华丽、保存完好的传统岭南祠堂式建筑。“人工天可待，天工人不如。果然造世界，胜读十年书！”这是一代文豪郭沫若 1959 年参观陈家祠即席所赋的诗句。

（二）陈家祠的结构布局

陈家祠坐北朝南，为中国“三进三路九堂两厢房”院落式布局，由 9 座厅堂、6 个院落、10 座厢房和长廊巷组成。厅堂的主体建筑面积为 6 400 平方米，由大小 19 座单体建筑组成，长廊相连、庭院穿插，其整体结构布局严谨、虚实相间，厅堂轩昂，庭院宽敞幽雅。

最重要的建筑是堂，由前至后，分别为门堂、聚贤堂和祖堂。门堂是接待客人的地方。聚贤堂为书院建筑的中心，是当年族人举行春秋祭祀或议事聚会的地方，最为高大宽敞，装潢华丽。祖堂则是摆放祖先牌位供族人祭祀的地方，一共有 5 个巨大的神龛，鼎盛时放置有 12 000 个牌位。三个大堂之间有前庭院、后庭院相间，堂与庭院之间又以屏风相隔，屏风打开，三堂两院浑然一体；屏风关上，各成世界。

陈家祠木雕屏风

陈家祠聚贤堂

陈家祠神龛

堂的旁边是厅。由前到后分别为前东、西厅，中东、西厅，后东、西厅。厅堂之间是连廊、青云巷，廊巷由前至后穿过堂厅院落。厅、院的外侧是斋房、厢房，分别有前东、西斋，前东、西厢，中东、西厢，后东、西厢，后东、西斋。堂、厅、厢按前、中、后的顺序东西整齐排列，盘踞于 15 000 多平方米的土地上，在广州闹市当中蔚为壮观。

陈家祠院落

（三）陈家祠的装饰

陈家祠被誉为“岭南建筑艺术明珠”，集广东民间建筑装饰艺术之大成。在建筑构件上巧妙运用木雕、砖雕、石雕、灰塑、陶塑、铜铁铸和彩绘等工艺，造型生动、色彩鲜艳、技艺精湛，是一座民间装饰艺术的璀璨殿堂。艺术作品的题材广泛，主要是中国传统文化中耳熟能详的各种典故、人物，如木雕中就有王母祝寿、尉迟恭争帅印、曹操大宴铜雀台、渔樵耕读、渭水访贤、韩信点兵等人物故事，热门小说《三国演义》《水浒传》《封神榜》中的故事也成为雕刻内容。这些艺术题材反映了当时人们的精神追求，也具有明显的教化作用。

陈家祠木雕《渔舟唱晚》

陈家祠屋脊灰塑

围墙上的砖雕

（四）艺术展馆

1959年陈家祠开辟为广东民间工艺博物馆，经常有各种艺术展览活动。目前有雕塑作品展、广州象牙雕刻展、广州西关大屋展及品如书画廊。

三、游学路线及门票

地址：广州市荔湾区中山七路恩龙里34号。

交通路线：85、88、104、105、107、109、128、193、204、205、233、250、286、413等路公交车陈家祠站。地铁1号线陈家祠站D出口。

开放时间：8:30—17:30（17:00后停止售票）。

门票价：10元。

注意：（1）首进大厅的简介资料柜上设有中、英、日、韩、法文版简介资料，供游客免费取阅。

（2）首进大厅有咨询处，提供有偿人工讲解，也可以租用讲解机，租金20元，押金100元。

（3）前东厢游客中心有视频对陈家祠进行整体介绍，可以先看视频再游览。

四、问题研讨

问题一：陈家祠各种雕塑中的故事你都知道哪些？

问题二：你的家族发源于哪里？迁徙路径如何？经历了什么演变？

问题三：你的姓氏中最有名的三位历史人物是谁？请简要介绍这些名人的情况。

问题四：中国传统的家族祠堂有什么正面作用？有什么负面的影响？建设中国特色社会主义和谐社会有无必要重建家族祠堂？

问题五：中国家庭文化与西方家庭文化的区别有哪些？

五、作业布置

在以下几种作业中选做一个：

（1）撰写“陈家祠游记”，文字配图。

（2）调查自己家族的发源、迁徙、演进历史，并介绍你的姓氏中最有名的三位历史人物。

（3）调查你的家乡现在是否有家族祠堂？乡人在祠堂进行哪些活动？讨论建设中国特色社会主义和谐社会有无必要重建家族祠堂。

（4）分析中国家庭文化与西方家庭文化的区别，并讨论这种区别是否影响了中西方对社会政治制度的选择。

（5）用微视频、摄影、诗词、书法或游记散文等形式，介绍你家乡的景、事、人，表达你对家乡的认识与感情。

六、游学总结

2017 年暑假期间，抱着深入了解广州、为“毛泽东思想和中国特色社会主义理论体系概论”（以下简称“毛概”）课程教学服务的目的，我参观游览了“羊城八景”之一的陈家祠，收获良多。

首先，让学生游览广州的名胜古迹，可以成为学习“毛概”课程的第二课堂。广州是历史文化名城，是近现代革命圣地，是改革开放的前沿阵地，是粤港澳大湾区建设的核心城市，它沉积着丰富的传统文化要素，记录了中国近现代革命许多重大历史事件，见证了新中国的蓬勃发展和改革开放的巨大成就，标志着中国特色社会主义建设继续前进的美好愿景。参观游览广州的名胜古迹，能让学生了解广州，了解中国传统文化，了解中国近现代革命史及中国特色社会主义建设的伟大成就和辉煌愿景，增强对中国革命和社会主义建设的感性认识。

其次，陈家祠是广州名胜中最重要的传统文化载体之一，有必要让广州高校的学生参观游览。参观陈家祠能感知到中国传统家庭、家族在社会结构与社会治理中的重要地位，能体认中国崇敬祖先、讲求孝道、家族成员互帮互助及光宗耀祖的家庭伦理规范，从而感受到传统中国人勤劳勇敢、聪明智慧、心系天下，为实现美好生活积极奋斗的精神。毛泽东思想和中国特色社会主义理论体系是马克思主义中国化的发展成果，学习“毛概”课程，学生应该对中国传统、中国特色有深入的了解，参观陈家祠是一个深入感知中国传统文化的项目。

最后，陈家祠非常适合作为学生“毛概”课的游学目的地。其一，陈家祠的建筑非常精美，建筑结构稳重大方，具有中国传统院落的典型特征，雕梁画栋，各种雕塑形象生动逼真，五彩斑斓，对学生具有美学吸引力。其二，陈家祠的建筑装饰艺术题材丰富，蕴藏着中国传统文化中的典故、人物，具有强大的传统文化熏陶与教化功能。其三，陈家祠旅游内容丰富，除了传统家族祠堂外，还有陶塑展、象牙雕塑展、书法展、西关大屋展。其四，陈家祠旅游服务设施齐备，有视频介绍、讲解员、讲解机，而且场地宽敞，适合组织学生集体游览。

项目四

“中共三大会议旧址”游学志愿服务体验报告

一、游学目的与依据

1939 年 10 月，毛泽东在《〈共产党人〉发刊词》中指出：十八年的经验，已经使我们懂得：统一战线，武装斗争，党的建设，是中国共产党在中国革命中战胜敌人的三个主要的法宝。《毛泽东思想和中国特色社会主义理论体系概论》（2018 年修订版）的第二章《新民主主义革命理论》讲到了三大法宝，为了更好地让学生了解三大法宝之一的统一战线是怎样形成的，它对中国革命取得成功的伟大意义是什么，我们有必要带学生参观“中共三大会议旧址”，重温这段光辉历史。

1923 年 6 月 12 日至 20 日，中国共产党第三次全国代表大会在广州召开，陈独秀、李大钊、毛泽东、蔡和森、陈潭秋、恽代英、瞿秋白、张国焘、李立三、项英等来自全国各地及莫斯科的代表近 40 人出席大会，他们代表了全国 420 名党员。共产国际的代表马林参加了会议。陈独秀主持会议并代表第二届中央执行委员会作报告。这是迄今中国共产党唯一在广州召开的、具有重大历史意义的全国代表大会，对中国革命产生了巨大的影响。1979 年，中共三大会址（广州恤孤院路 3 号）被列为广东省重点文物保护单位。2006 年 7 月 1 日正式修复开放。为什么要让学生参观中共三大会议旧址？这是因为这次会议在历史上确立了国共合作的统一战线政策，共产党正式决定同孙中山领导的国民党合作。会上确定了合作方针：共产党员以个人身份加入国民党，同时保持共产党在政治上、思想上和组织上的独立性；帮助国民党改组成为工人阶级、农民阶级、城市小资产阶级和民族资产阶级联盟的政党。

在中共三大会议上确定的联俄、联共和扶助农工政策，为后来中国革命统一战线的形成奠定了基础，对随后到来的大革命高潮起到了推波助澜的作用，它使共产党和革命力量迅速壮大。国共合作使广东成为中国共产党和工农力量发展最快的地区及大革命运动的中心。

中共三大确定的革命统一战线方针，经过新民主主义革命斗争的反复实践与发展，成为当时共产党战胜强敌、夺取革命胜利的三大法宝之一。

二、游学景点介绍

中共三大会议旧址位于广州市越秀区恤孤院路 3 号，是一座砖红色三层建筑，其中有一层在地下，总面积达 820 平方米，里面陈列了我党历史上的一些珍贵史料，是广州市进行爱国主义教育的重要基地之一。

中共三大会址纪念馆有“中国共产党第三次全国代表大会历史陈列”“春园故事——中共中央在春园”等固定展览，分别陈列在中共三大会址纪念馆陈列馆、春园 24 号。

“中国共产党第三次全国代表大会历史陈列”展览分“中共三大召开的历史背景”“中共三大的召开”“国共合作的实现”“中共三大的历史作用和深远影响”四个部分，对中共三大的历史做了全面介绍和展示。

中共三大会议旧址之一——恤孤院路 9 号的逵园

中共三大会址纪念馆前的广场

中共三大会址纪念馆的正门

中共三大会议场景模拟图

参加中共三大会议的部分代表

中共三大领导班子的组成

三、游学路线及门票

中共三大会址纪念馆是广州市的爱国主义教育基地之一，属于公益性质的纪念馆，免门票，团体参观需提前预约，该馆自建立以来，每年接待了很多党政机关团体和中外游客。该馆并不是全天候开放，有一定的时间限制，开放时间为周二至周日 9:00—17:30（17:00 停止进场）。逢周一闭馆。

该馆位于老城区，纪念馆旁边有恤孤院公交车站、培正路站和东山总站（龟岗），途经的公交车有3路、215路、811路、813路车，附近的地铁线路有1号线和6号线，从东山口站F出口下，走约550米即可到达中共三大会址纪念馆。

参观完中共三大会址纪念馆后，从恤孤院出来，向左转可以到东山步行街，那里有很多美食可以品尝。

四、问题研讨

参观游学之后，请同学们思考以下几个问题：

问题一：孙中山为什么同意跟中国共产党合作建立革命统一战线？

问题二：统一战线在建立的过程中，有没有受到外来因素干扰？

问题三：国共第一次合作经历了多长时间？是什么原因导致第一次合作破裂？

五、作业布置

游学结束后，请同学们根据参观所获，完成一次作业，可以采取多种形式，如调研报告、心得体会、微视频、摄影、诗词、书法或游记散文等。作业形式从以下五种任选一种：

（1）调研报告。（不少于3 000字，以团队形式上交，团队队员5~10人）

（2）心得体会。（不少于500字，以个人形式上交）

（3）微视频。（10分钟左右，以团队形式上交，团队队员5~10人）

（4）诗词、游记散文等文学作品。（诗词字数不限，游记散文不少于800字，以个人形式上交）

（5）摄影或书法。（摄影须配优美文字介绍，书法内容须与农讲所相关，字数不限，以个人形式上交）

六、游学总结

1923年6月12日至20日，中国共产党第三次全国代表大会在广州东山区恤孤院路31号（现恤孤院路3号）召开。在会上，共产党人运用马克思主义原理认真分析了当时的中国国情，决定全国420名共产党员以个人名义加入国民党，实现了国共第一次合作，掀开了中国大革命的序幕。

暑假期间，本人带着学生来到了当年中共三大召开的旧址，开启爱国主义之旅。

走在恤孤院路上，没有热闹的商铺，也没有喧闹的汽车，只有路旁成荫的绿树和幽静的小楼。在三大旧址，透过玻璃罩，保存完好的墙基真切地展现在眼前。现在人们对这个重要历史遗址的所有记忆就只剩下一段墙基了，但就是这段墙基见证的却是一段完整的历史。

中国共产党在中华人民共和国成立前举行的7次代表大会，除了在莫斯科召开的中共六大外，一大、五大、七大的旧址均得到了比较好的保护，而三大旧址却在1938年毁于日军飞机轰炸，从而增加了保护和修缮的难度。据讲解员介绍，1949年后，经多方调查并在中共三大代表徐梅坤老人的帮助下，最终确认了三大旧址的位置在恤孤院路31号，1981年广东省将该遗址确定为重点文物保护单位。这个过程一晃就是30多年。虽没有在原址重建三大会址，但为了更好地展示当时的诸多历史细节，就在遗址旁建了一幢地下一层、地面两层的现代化陈列馆。

纪念馆共分三层，外墙为砖红色，一进馆，首先映入眼帘的是一块大型人物浮雕。负一层场馆辟出一间多功能演示厅，播放历史文献电视专题片，还有一块“非常大总统”专区，既有孙中山的画像、孙中山会见李大钊的场景画，也有相关的文字介绍、投影等。展览也系统地介绍了我党一大至四大的情况。进入一楼展厅最突出的就是代表们开会的场景模拟。这些硅胶像按照历史真实复原，代表们围着桌子开会，陈独秀正在慷慨激昂地讲话，毛泽东手握毛笔，正在做记录，代表们的表情栩栩如生。

参观完后，感触颇深，中国共产党由一个革命党成为执政党，走过了一段不平凡的历史，她能有今天的辉煌成就，是无数信仰坚定的共产党员抛头颅、洒热血换来的，他们的付出，给了我们安定、平和、幸福的生活。通过参观学习，学生们纷纷表示，此次游学进一步坚定了自己对中国共产党的热爱与支持，更加为自己生活在一个美好的时代而心怀感恩。

三大旧址在毁于战火70多年后得以复原，解密了一段尘封多年的光辉历史，是广州人对党的一份重要献礼。三大会址的重建也在提醒着我们，广州有不少珍贵的党史旧址、党史资料等“红色资源”，虽然它们中有些已经成为重要的党史宣传教育基地，但仍有一部分还没得到有效保护和发掘、没有充分发挥其应有的价值。希望有更多的“红色资源”能得到保护和建设，这对提高党的执政能力、加强青少年的思想道德教育、建设社会主义精神文明和构建和谐社会都有特殊的重要作用。

项目五

“国民党第一次全国代表大会旧址”游学志愿服务体验报告

一、游学目的与依据

“毛泽东思想和中国特色社会主义理论体系概论”是一门思想性和实践性较强的课程，是我们党革命、建设和改革经验的总结，其中毛泽东思想主要形成于革命战争年代，与中国革命史紧密相随。历史是最好的教科书。学习党史、国史，有助于大学生更好地了解党情和国情，激发他们的爱国主义热情和坚持走中国特色社会主义道路的信心。党的十八大以来，习近平总书记发表了系列重要讲话，其中关于党史国史的重要论述，大大充实和拓展了大学生思想政治教育的理论来源。通过游学，对大学生进行革命传统教育，强调理论与实践的统一，让大学生获得最直观的体验和感受，能够获得意想不到的教育效果。

广州作为近代中国革命根据地，蕴含着丰富的革命文化，曾经发生过多少次波澜壮阔、轰轰烈烈的革命事迹，特别是我国近代民主革命的先行者孙中山所领导的革命活动很多发生在广州。由于辛亥革命和以后历次斗争的失败，孙中山在共产国际和中国共产党的帮助下，认真总结了中国民主革命的经验教训，决定学习俄国革命的经验和方法，改组国民党，以振兴国民党进而振兴国家。从 1922 年 8 月起，他采取一系列具体步骤进行准备。1923 年 10 月指派廖仲恺、李大钊、汪精卫等五人为改组委员，并设立国民党临时中央委员会，筹备国民党的全国代表大会。大会代表以地方党部推选和孙中山指派相结合的方法产生，海内外代表共两百人，出席开幕式的代表有一百六十五人。代表中有共产党人陈独秀、李大钊、毛泽东、林祖涵（林伯渠）、瞿秋白、谭平山等二十四人。中国国民党第一次全国代表大会，是1924年1月20日至1月30日在广州召开的对党进行全面改组、实现国共合作的会议。孙中山以总理身份担任大会主席，并指定胡汉民、汪精卫、林森、谢持、李大钊组成大会主席团，苏联顾问鲍罗廷也出席了大会。

经过此次大会，联俄、联共、扶助农工三大政策成为国民党的基本政策。大会通过了国民党的施政纲领，提出了对内对外的基本政策和实行新三民主义的具体方针。对外政策包括废除清政府及军阀政府同帝国主义订立的一切不平等条约，取消帝国主义在中国攫取的特权，争取国家独立自主等。对内政策规定各项政治经济制度，以反对封建主义，保障民权民生主义的实施，规定“实行普通选举制，废除以资产为标准之阶级选举”“改良农村组织，增进农人生活”“制定劳工法”“改良劳动者之生活状况，保障劳工团体，并扶助其发展”等。这次大会标志着第一次国共合作正式形成，改组后的国民党成为工人、农民、城市小资产阶级和民族资产阶级四个阶级的民主革命联盟。这次大会对中国新民主主义革命具有重大意义，成为新的革命高潮的起点。

带领学生游览体验国民党第一次全国代表大会旧址，让大学生亲身感受和了解这次大会的宝贵遗迹，有助于增进大学生对中国革命和毛泽东思想的了解和认同，有助于引导大学生增强时代责任感，珍惜当下，学有所成，将来更好地实现个人价值和社会价值的统一。本游学项目与“毛概”课教学内容和目标具有内在一致性，是提升“毛概”课教学效果的第二课堂。这种校外的第二课堂同校内第一课堂的教学相辅相成，有助于增强第一课堂的生动性、趣味性与实际的观感。

二、游学景点介绍

中国国民党第一次全国代表大会旧址在广州市越秀区文明路215号，在广东省博物馆馆内大院左侧的钟楼礼堂中，钟楼礼堂始建于清光绪三十二年（1906），为全国重点文物保护单位。中国国民党第一次全国代表大会于1924年1月20日在该钟楼的礼堂内召开。

会议旧址是原广东高等师范学校的钟楼首层的礼堂，面积300多平方米。1924年1月，孙中山在共产国际和中国共产党的帮助下，在这里主持召开了中国国民党第一次全国代表大会。礼堂现已恢复当时开会的原状，正面的主席台上有孙中山画像和中国国民党党旗，台下的座位全部贴有当时出席会议人员的编号和姓名。台下的代表座位桌上均铺上白布。会场中间挂有万国旗，可以想见当时气氛之热烈。出席会议的有孙中山、廖仲恺、汪精卫、胡汉民、林森、谢持等国民党人，还有李大钊、林伯渠、毛泽东、瞿秋白等跨党的共产党人。孙中山在会上重新解释了三民主义，阐述了国共两党合作的思想。大会正式通过了含有联俄、联共、扶助农工思想的《中国国民党第一次全国代表大会宣言》和其他决议，选举了国民党中央执行委员会和监察委员会，两会中均有跨党的共产党员参加。这次大会的召开，标志着国共两党第一次合作的实现和反帝反封建革命统一战线的形成。国共两党的合作，推动了工农运动的发展，掀起了反帝反封建的高潮，在中国近代史上写下了光辉的篇章。

同年，孙中山将广东高等师范学校改为广东大学。1926 年下半年，为纪念孙中山，广东大学改名为中山大学。1927 年 1 月至 4 月，鲁迅在该校任文学系主任兼教务主任、组织委员会委员时，曾住在钟楼。

钟楼大院的前面有块宽阔的广场，占地面积 17 460 平方米。广场中间是一块大草坪，东西两端各有一个大讲台，周围绿树成荫。在第一次国内革命战争期间，因这里毗邻中国共产党广东区委、中华全国总工会、省港罢工委员会、广东妇女解放协会和农民运动讲习所，所以成为革命集会的重要活动场所。廖仲恺、何香凝、毛泽东、刘少奇、周恩来、林伯渠、陈延年、邓中夏、苏兆征、彭湃、张太雷、恽代英、刘尔崧、邓颖超等革命活动家曾在这里进行革命活动。

钟楼正面

旧址的正门是拱形圆柱廊，廊上有平台，廊下是门厅。楼下四周是柱廊走道。钟楼的前半部有两层，后半部一层。前楼外檐有女儿墙栏杆。四周转角处有小碉楼形式的墙面。上层有拱圆形的窗户，在窗户之间有双柱联立式的壁柱。整座楼房是砖木结构，其平面似“山”字形，因楼顶四面分别装有时钟，故称“钟楼”。钟楼占地面积为 4 375 平方米。这里原是清朝科举考试的“贡院”，清末废除科举制度后，1908 年改为两广优级师范学堂。辛亥革命后，又改为广东高等师范学校。中华人民共和国成立后，旧址已多次进行维修加固并辟为纪念馆。

在礼堂左侧，陈列有“钟声：1924——中国国民党第一次全国代表大会历史”展览，以三个部分纵向梳理中国国民党一大暨首次国共合作的历史，追溯孙中山领导革命党人进行民主革命的艰辛历程，国民党组织变迁，国共两党创建黄埔军校、培育军事人才等历史性选择。同时，展出孙中山手书名单及中国国民党一大出席委员签名录。

国民党一大会场

孙中山指派的部分代表名单和会址外景

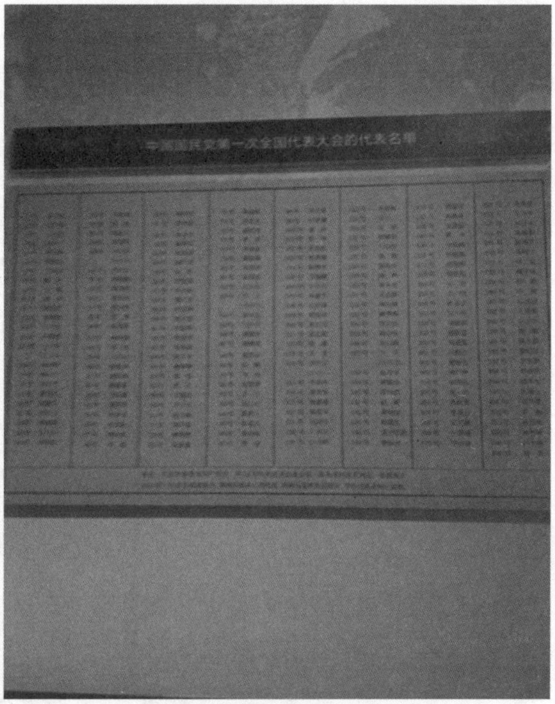

大会代表名单

大会四个审查委员会委员名单

大会宣言和证件

孙中山就任海陆军大元帅时的服装

三、游学路线及门票

地址：广州市越秀区文明路 215 号（与广东省立中山图书馆在同一大院内）。

交通路线：

（1）从地铁 1 号线农讲所站 A出口出发，沿 A出口朝向前行（沿德政中路南行），约 400 米后到达第一个十字路口，左转进入文明路。

（2）从地铁 6 号线团一大广场站 A出口出发，沿 A出口朝向的相反方向前行（沿越秀南路北上），路上会经过中华全国总工会旧址。步行约 500 米后到达第二个路口，即到达文明路。

（3）乘坐以下任一线路公交车，在中山图书馆站下车：3、35、65、91、101、104、106、125、183、215 长线、215、541、B8、广 12、广 42、夜 21、夜 36、夜 39、夜 69。

开放时间：周二至周日 9:00—17:00，逢周一闭馆（法定节假日和特殊情况除外）。

门票：免费，须凭身份证在门口领票（16:00 停止领票）。

咨询电话：020-83842170。

四、问题研讨

问题一：召开中国国民党第一次全国代表大会的背景是什么？

问题二：中国国民党第一次全国代表大会的召开对中国国民党和中国共产党有何影响？

五、作业布置

请同学们参观完之后，完成一次作业。作业的形式多样，可以是调研报告、心得体会、微视频、摄影等。请于参观结束后两周内提交作业。

六、游学总结

中国国民党第一次全国代表大会是国共两党成长的一个节点，其旧址见证了国共两党的第一次合作。作为在现代大都市快节奏下的广州人及从教多年的“毛概”课教师，利用闲暇时间到此游学，如同故地重游，似曾相识，切身感受到国共两党成长的艰辛历程，更加珍惜今天美好生活的来之不易！

项目六

“广州农民运动讲习所”游学志愿服务体验报告

一、游学目的与依据

从课程教学来说，首先，游学促进大学生对理论的理解。农民是中国新民主主义革命的主力军，是无产阶级最可靠的同盟军。农民问题是中国革命的基本问题，新民主主义革命实质上就是中国共产党领导下的农民革命，中国革命战争实质上就是党领导下的农民战争。农民运动在新民主主义革命中具有举足轻重的地位，而广州农民运动讲习所（简称“农讲所”）作为第一次国内革命战争时期培养农民运动干部的学校，培养和造就了近八百名干部，在中国革命史上曾发挥了重要的作用，写下了光辉的一页。大学生游学农讲所，了解农讲所的创立过程及对中国革命的意义，有利于他们更好地理解和把握新民主主义革命的主力军、实质、“农村包围城市，武装夺取政权”路线等新民主主义革命理论问题。

其次，游学增强大学生对课程的兴趣。大学生亲临农讲所，踏着九行并排的花岗岩石板，站在架于泮池中央的石拱桥上，徘徊于草木葱郁的大院，感受这座见证封建王朝兴亡和中国革命成功的典型广东文庙，思索昔日艰苦的革命岁月，此情此景远胜于教师课堂对革命艰辛的讲述。

最后，游学是拓展课程的实践教学手段。丰富多样的实践教学手段有利于增强思政课的教学效果。游学农讲所无疑是个好选择。

从学生成长来说，首先，游学点燃大学生的爱国之心。1994 年，农讲所由中共广州市委、市人民政府公布为首批爱国主义教育基地。2001 年，农讲所由中共中央宣传部公布为全国第二批爱国主义教育示范基地。2005 年，农讲所由国家发展改革委员会等部委定为全国红色旅游经典景区。游学于党和政府着力打造的爱国主义教育基地，自然能受到爱国情怀的熏陶和感染。

其次，游学激发大学生的报国之志。新民主主义革命是一场异常艰辛的革命。对于在和平年代成长起来的大学生，没有体验过战争的残酷，无法深入感知革命的艰辛与不易。大学生游学农讲所，目睹当年简陋的所长办公室、教务部、军事训练部、课室、学生宿舍，今昔对比，有利于激发他们崇尚先烈、珍爱和平、勤奋好学、学好本领、报效国家之志。

最后，游学增强大学生对党的认同。农民运动讲习所是在中国第一次国内革命战争时期为适应蓬勃发展的农民运动形势而创办的，它是中国农民运动史上的伟大创举。农讲所名义上是由中国国民党中央执行委员会开办，国民党中央农民部主管，但实际上是由中国共产党人提倡、主持和领导的。第一届和第五届农讲所的主持人是中国共产党党员彭湃，第六届则是由伟大领袖毛泽东任所长。农讲所培养的这批革命干部，在各个历史时期，或是在不同的战斗岗位上，他们所起的作用都是不可估量的。在长期的革命斗争中，他们多数已先后为中国人民的解放事业贡献出了自己宝贵的生命，还有少数幸存者，不仅在民主革命时期历尽艰险、南征北战，而且在社会主义建设时期中，仍然为党、为人民辛勤地工作。大学生游学农讲所，通过观看大量珍贵的照片、文献、实物，有利于他们认同中国共产党在新民主主义革命中领导农民运动的作用，拥护党在新时期的领导地位。

二、游学景点介绍

广州农民运动讲习所旧址纪念馆，位于广州市中山四路 42 号。第一次国共合作形成后，国民革命运动迅猛发展。为了配合即将进行的北伐战争，发展全国农民运动，1926 年 5 月至 9 月，第六届农民运动讲习所在此举办。[①]毛泽东任所长、萧楚女任教务长，周恩来、萧楚女、彭湃、恽代英等共产党员任教员。来自 20 个省区的 327 名学生，在此学习农民运动的理论和方法，接受严格的军事训练，参加革命斗争。学员毕业后奔赴全国各地，领导农民运动，为中国革命做出了重要的贡献。农讲所旧址这一古老建筑成为具有重大历史意义的革命纪念地。

广州农民运动讲习所旧址原为番禺学宫（孔庙），始建于明洪武三年（1370）。这座宏伟的古建筑从南至北由棂星门、泮池、拱桥、大成门、大成殿、崇圣殿和两侧的两廊、两庑、明伦堂等组成。

---

① 第一、二届在越秀南路惠州会馆，第三、四、五届在东皋大道原 1 号。

（一）棂星门

棂星门

棂星门是一座六柱三门石牌坊式的建筑，雕有云龙饰纹，门翼为红砂岩石砌的高墙。由花岗岩雕琢的棂星门顶上悬挂着 1955 年周总理亲自手写的“毛泽东同志主办农民运动讲习所旧址”横匾，光辉夺目，革命意义不言而喻。

（二）泮池和拱桥

泮池拱桥为单孔石拱桥，泮池为半圆形水池，明洪武十三年（1380）重建，清道光十五年（1835）重修。桥长 10 米，形态秀丽。站在架于泮池中央的石拱桥上，感受小桥流水的诗意，这里曾停驻着课后毛泽东和教员与学生散步谈心的身影。

（三）大成殿、两庑

大成殿陈列的是“纪念八一南昌起义 90 周年图片展”。两庑指东庑和西庑。西庑展出农讲所历史。

农讲所办学情况

农讲所历史

（四）崇圣殿

原名启圣殿，雍正元年（1723）改为现名，主祭孔子五代先祖。殿面阔五间，进深三间，建于地平台上。前有月台，十九架用三柱并后墙承重，歇山顶，夔纹双鳌鱼火珠脊，盖黄色琉璃瓦。整座大殿显得富丽堂皇。崇圣殿展出“毛泽东廉政风范展”。

毛泽东廉政风范展

（五）农讲所课室、膳堂、学员宿舍、教务部、值星室

大成门左右两侧分别用杉木板隔成教务部、值星室、庶务部，东耳房是毛泽东的办公室兼卧室，西耳房是图书室，大成殿是课堂，崇圣殿正间为膳堂，东面为军事训练部，前院两庑和后院两廊均是学员宿舍。

教务部

毛泽东的办公室兼卧室

学员宿舍

图书室

三、路线及门票

地址：广州市越秀区中山四路 42 号。

交通路线：1 路、27 路、76A路、76 路、93 路、102 路、107 路、108 路、125 路、211 路、215 路、243 路、517 路、864 路、高峰快线 53 路、夜 1 路、夜 2 路、夜 4 路、夜 9 路、夜 21 路、夜 27 路、夜 40 路、夜 78 路农讲所站。地铁 1 号线农讲所站。

门票：本馆免费参观。团体参观请提前预约。

开放时间：周二至周日 9:00—17:30（17:00 停止进场）。逢周一闭馆。

四、问题研讨

问题一：广州农讲所给你感触最深的景点是什么？为什么？

问题二：当代大学生应该传承广州农讲所哪些精神？

问题三：如果当时由你担任广州农讲所第六届所长，你准备怎么做？

五、作业布置

游学结束后，每位同学必须上交一次作业，作业形式从以下五种中任选一种：

（1）调研报告。（不少于 3 000 字，以团队形式上交，团队队员 5 ~ 10 人）

（2）心得体会。（不少于 500 字，以个人形式上交）

（3）微视频。（10 分钟左右，以团队形式上交，团队队员 5 ~ 10 人）

（4）诗词、游记散文等文学作品。（诗词字数不限，游记散文不少于 800 字，以个人形式上交）

（5）摄影或书法。（摄影须配文字介绍，书法内容须与农讲所相关，字数不限，以个人形式上交）

六、游学总结

8 月 20 日，我带着七岁的女儿睿睿参观了广州农民运动讲习所。我们顶着炎炎烈日，“百里迢迢”赶到农讲所时已是又累又渴，本打算半小时完成参观任务，谁想在我和女儿稚嫩的对话中，不知不觉竟在里面待了两个小时。

站在农讲所门前，首先映入眼帘的是悬挂在由花岗岩雕琢的棂星门顶上的横匾“毛泽东同志主办农民运动讲习所旧址”，光辉夺目。“妈妈，这些字写得好漂亮啊！”“那当然，这可是我们敬爱的周总理亲自写的呀！”踏进棂星门，小桥流水的泮池拱桥、红墙黄瓦的大成殿、青灰砖墙的崇圣殿、怡然相伴的两廊两庑……在葱郁草木的环绕下，一切都显得那样坚实肃穆又怡静自然。今天的农讲所，没有了雷声炮响，没有了枪林弹雨，有的只是安详的姿态，静静地坐在那里。它像一位年岁已高的老人，远离灯红酒绿，远离喧嚣的尘世。“妈妈，这种草鞋能穿着走路吗？”“妈妈，这些床铺那么小，能睡大人吗？会不会摔下来？”“妈妈，他们的图书室怎么这么小呀？”“妈妈，这个人牺牲了吗？这个人也牺牲了吗？那个人呢？”……女儿稚嫩的提问却又时刻提醒着我这里曾发生的一切，时刻提醒着我要铭记历史，珍惜现在的美好生活并为国效力。

也许正是曾经那些热血沸腾的革命者，在这里留下了激情，洒下了热血，才使得现在的鱼儿那么欢，草儿那么青，花儿那么美，树儿那么旺。欣赏着这些优美的自然之景，犹记当年的爱国志士，追忆昔日艰苦的革命岁月，令人无限感慨。日复一日、年复一年，花开花落、叶枯叶荣，而那些牺牲的革命烈士却一去不返。这些革命英雄播种却没能享受收获，他们经历苦难，我们获得辉煌。作为中国人，我们为自己的祖国有这样的英雄而骄傲！作为一名高校教师，我将铭记革命先辈遗志，为实现中华民族伟大复兴的中国梦在三尺讲台上燃尽我的青春！

项目七

"广州民间金融街"游学志愿服务体验报告

一、游学目的与依据

在课本《毛泽东思想与中国特色社会主义理论体系概论》中，第八章是《建设中国特色社会主义总布局》，五位一体的布局包括：经济、政治、文化、社会和生态。经济是放在首位的，因为经济基础决定上层建筑，无论在社会主义国家还是资本主义国家，发展经济都是政府工作的重中之重。而关于经济方面的知识一般较为枯燥，高职学生基础知识又较为薄弱，因此更突显出游学的重要性。

（一）游学目的

"游学体验"行动传承古代孔子的游学，依托学生生活，开创"游学体验"实践活动，引导学生进入一种主动探究、解决问题的学习状态，拓展和补充学生知识的多样性与全面性，引领学生"登高望远"体验生活，增长见识，发展能力。

新的素质教育理念注重培养学生的创新精神和实践能力，强调学生综合素质的提高，着眼于开放和创新，重视实践和探究。作为学校课堂学习的补充与延伸，为了提高学生的综合素质，我们的游学活动引导学生回归生活，走向社会，它不是实践探索的终点，而是向外拓展的实践点。生活是人们学习知识、培养能力的大课堂，通过游览民间金融街，了解其历史变迁，掌握一些金融知识，对他们学习课堂内容有很大的帮助。

（二）游学依据

在这里我们先来看下课本第八章第一节"建设中国特色社会主义经济"的内容，本章分析建设中国特色社会主义经济相关知识，包括社会主义市场经济理论、社会主义初级阶段基本经济制度和分配制度、经济发展的重大战略方针。

建立什么样的经济体制，是我国经济改革的核心，也是建设中国特色社会主义的重大问题。本章首先应当帮助学生认识中国选择社会主义市场经济体制的理论和实践基础，选择的历史过程和社会主义市场经济体制的性质和内容，指出它是改革开放实践发展的必然结果，也是长期理论探索的重大成果。社会主义市场经济发展使我国所有制结构和分配制度发生了深刻变化。而在经济新常态的大环境下，李克强总理提出“大众创业，万众创新”，对于活跃民间金融，提升中国经济活力更是具有重大意义。

广州民间金融街是中国经济改革的一个缩影，广州是我国最早引入西方先进金融机构的地方之一，尤其是20世纪初，随着城市近代化进程的不断加快，长堤成为广州新的商业中心和金融机构的汇聚地，所以有着“广州金融第一街”的美称。借着新型城市化发展的契机，长堤广州民间金融街承载金融发展新使命，开启金融发展新篇章。

在民间金融街，保留着不少清朝和民国时期的建筑，每幢建筑都蕴含着中国民间经济的发展史。而且基本每幢建筑前都有它的历史简介，便于学生了解学习，这一带的西式建筑也是近代中国半殖民地化的历史印迹。相信通过这次游学体验，学生不仅可以欣赏长堤美景，学习金融知识和历史，更可延伸信息，拓展探索。

二、游学景点介绍

（一）广州民间金融街

广州民间金融街位于广州市越秀区长堤大马路，毗邻珠江北岸，全长约800余米。广州长堤，从修筑开始就与商业、金融有直接关系。百余年前，张之洞为“防洪”“兴商务”而兴建广州长堤，将西关的繁华引向长堤；88年前，孙中山先生在沿江中路193号亲自创办中央银行时，长堤受自清代以来“一口通商”政策的带动，“坊港纵横，货物如织”，成为各国商贸业和洋行抢滩中国的滩头阵地。广州长堤自此受称“中国金融第一街”美誉。

广州民间金融街

100 多年后的今天，经历繁华、没落与复兴之路后，广州民间金融街正式建成开业，推动百年长堤的金融发展再出发。金融与商业相存相依，几落几兴，长堤金融的起兴与再崛起，与千年商都的商脉文脉息息相关，当下，广州正探路世界商贸名城。

广州民间金融大厦

现在民间金融街写字楼里，很多是中小型贷款公司。作为广州民间金融街重点打造的项目，自成立之日起，“金融街在线”就肩负着“线上民间金融街”的重要使命。所谓“线上民间金融街”，就是以“金融街在线”为载体，以线下金融街现有的企业资源为依托，通过线上、线下金融资源整合和“O2O”双轮驱动，打通民间金融机构线下和线上的业务合作渠道，形成民间金融完整产业链，助推创新金融产业深层次发展。

基于此，“金融街在线”主要致力于为街区内的小额贷款公司提供线上投融资撮合、再融资、供应链管理等多项服务，积极引领园区内小贷公司、担保公司等民间金融机构“上线”发展，定位为准公益性综合网络借贷服务平台，通过自身的不断努力，让广大民间金融机构都参与到“互联网 +”浪潮中来，享受到“互联网 +”带来的红利。

（二）广州民间金融博物馆

广州民间金融博物馆

广州民间金融博物馆是国内首家以民间金融为展览主题的博物馆。博物馆成立于2013 年 6 月，坐落于长堤大马路 268 号，其前身为民国时期私立银行之首——金城银行旧址。博物馆以实物、历史图片、场景再现、多媒体演示等多种方式，全方位展示从西周时期到近现代的民间金融发展历史，以及现代长堤——广州民间金融街的建设历程。

展区共分为“中国古代信用的起源”“中国民间金融的发展”“广州民间金融的兴盛”“广州民间金融的崛起”四个部分。通过展示多种民间金融产品，为研究民间金融发展历史提供了珍贵的物证。让学生来这里参观，有助于他们了解广府民间金融文化和民间金融业发展的历史。

开馆时间：周二至周日上午 9:00—12:00，下午 14:00—17:00，周一休馆。

交通路线：地铁 2 号线海珠广场站下，从沿江路至民间金融街，步行五分钟可到；公交车可搭乘 58、57、281、236、219、208、4、131B、64、61、旅游公交 2 线。

（三）广州邮政博览馆

广州邮政博览馆

广州邮政博览馆位于广州市沿江西路，其所在大楼建成于 1916 年，曾先后作为广东邮务管理局、邮电部广州邮局和广州市邮政局办公楼，2002 年 8 月被公布为省级文物保护单位。

广州邮政博览馆是集展览、收藏和销售等功能于一体的综合性博览馆，是展示邮政历史和集邮文化的窗口。

现博览馆展出面积近 1 500 平方米，设三大展厅。一楼为集邮展销中心，展示珍稀邮品和销售各类集邮品。二楼展厅展示中国悠久的邮政通信发展历史和具有岭南特色的广州邮政历史变迁，包括早期通信、大清邮政、中华民国邮政和改革开放前的人民邮政等部分，反映古代邮驿通信、近代邮政和新中国改革开放前人民邮政的发展历史。三楼展厅展示改革开放后的广州邮政发展历程和未来展望等部分。放映党的十一届三中全会，尤其是迈进 21 世纪以来广州邮政发展的辉煌成就，介绍邮政通信科技发展的新成果，展望未来广州邮政的前景。

（四）粤海关

粤海关

粤海关为广州海关的旧称。粤海关旧址，俗称大钟楼，位于广州市荔湾区沿江西路，建成于 1916 年，是中国首批海关口岸之一，原正中拱券门上有“粤海关”三字，1949 年后曾改为“广州海关”，经修复后改回“粤海关”，现为全国重点文物保护单位。

清康熙二十三年（1684）清政府开放海禁，设粤（在广州）、闽（在厦门）、江（在云台山，今连云港附近）、浙（在宁波）四个海关。乾隆二十二年（1757）关闭厦门、云台山、宁波三个海关，仅留广州一口对外贸易，粤海关遂居重要地位。皇帝派遣“监督”管理粤海关事务，以满族亲贵充任，具有与总督、巡抚平行而班次略后的官阶。鸦片战争前，粤海关并不直接管理来粤贸易的外国商人，而是通过特许商行——十三行进行管理。鸦片战争后，十三行垄断对外贸易的制度被废除，粤海关开始直接插手外贸管理。第二次鸦片战争时，英国攫取了中国海关管理权。咸丰九年（1859）10 月，海关总税务司英国人李泰国攫取粤海关行政权，从此粤海关一度为帝国主义所把持，直到广州解放。

2006 年 5 月 25 日，粤海关旧址被国务院批准列入第六批全国重点文物保护单位名单。

（五）中央银行旧址

中央银行旧址

1924 年 8 月孙中山在南堤成立了中央银行，该行从成立到结束，只存在了四年多的时间，但从它诞生之日起便为国民革命、北伐战争提供了巨大的经济支持。1924 年 1 月，实现第一次国共合作，革命政府设在广州。当时，金融混乱，财政困难，孙中山一面筹建黄埔军校，一面筹设中央银行。同年 8 月 15 日，中央银行宣布成立，行址在广州市南堤前中国银行旧址（今人民银行广州分行的行址）。第一届董事会成员：胡汉民、廖仲恺、邓泽如、叶恭绰、孙科、林云陔、宋子文，行长宋子文。中央银行直属国家财政部领导，属下分支机构先后在广州市内设立 3 个兑换发行处，在省内有 11 个分行。同时这里也是 20 世纪 20 年代中国的货币金融中心。

三、路线及门票

交通路线：4、57、58、61、64、高峰快线 76、128、131B、186、208、219、281

路公交车长堤站。地铁 6 号线一德路站 B出口，步行约 440 米到长堤（民间金融街）站。

四、问题研讨

问题一：长三角和珠三角同为改革开放后中国经济的领头羊，两个地方的发展有何共同点？近十年，长江三角洲已经在各项数据上超越珠三角，原因是什么？我们有什么要突破的瓶颈？

问题二：民间金融街的小额贷款公司如何助力“大众创业，万众创新”？详述其风险。

问题三：你知道广州自古至今在“一带一路”中的地位吗？

五、作业布置

根据游学所拍的素材和你所学到的知识，录制民间金融街的微视频，或者制作 PPT，配上文字说明其历史演变及意义。

六、游学总结

100 多年前，广州的长堤为防务而建，孙中山先生还曾在这里创办了中央银行，一幢幢民国色彩的建筑，展示着过去曾经盛极一时的历史。而如今人们提到广州的金融中心、中央商务区，都会联想到充满现代感气息的珠江新城。作为华南地区经济、金融、科技、商务等高端产业高度集聚区，珠江新城进驻了很多跨国企业和世界五百强企业。与光鲜亮丽的珠江新城不一样，这条短短 800 米的金融街骑楼林立，充满岭南风情，街巷两边是小额贷款公司、融资担保公司、典当行、产业基金和金融科技公司等，建立民间金融街的目的之一，就是引导庞大的民间资本为中小微企业服务。

中小微企业对经济发展有着非常重要的作用，例如活跃经济、增加就业、推动创新、增加税收等。但由于自身规模小、实力弱、抗风险能力低，之前不少的融资机构不愿意贷款给小微企业。李克强总理在 2015 年政府工作报告中特别提到这个问题，近年来，国家、省、市都出台了多项促进中小微企业发展的红头文件，广州民间金融街就是广东省重点项目、广州市十大重点项目之一，是唯一获得“全国民间金融产业知名品牌创建示范区”称号的民间金融产业运作平台。背靠“互联网 +”大背景，拥有政府的支持，民间金融街也许会成为线上金融借贷的活跃平台。带着学生来这里进行游学体验，相信他们除了会被这里的历史文化所吸引外，也会为经济新常态下民间金融街以新形式推动民间金融业的发展而折服。

项目八

“南沙自贸区”游学志愿服务体验报告

一、游学目的与依据

在“毛泽东思想和中国特色社会主义理论体系概论”框架内，实践教学对实现教学目的具有重要意义，在教学实践中，如何才能做到理论联系实际，激发学生学习积极性，实现既讲清理论、帮助学生把握基本原理、坚定理想信念，又帮助学生树立正确世界观、人生观和价值观的教学目的，是一个现实而艰巨的问题，因此，我们应当充分发掘学校所在地城市周边相对丰富的教学资源，在教师指导下带领学生进入基地参观、学习，把实践教学引入“毛概”教学体系中，从而实现教学预期目标。

改革开放，是我国 1978 年 12 月十一届三中全会起开始实行的对内改革、对外开放的政策。改革开放后 40 年，中国发生了天翻地覆的变化，迎来了思想的解放、经济的发展、政治的昌明、教育的勃兴、文艺的繁荣、科学的春天。我国经济实力、综合国力大大增强，人民生活显著改善，实现了从温饱不足到总体小康再向全面小康迈进的跨越，国际地位和国际影响力空前提升，中国崛起被国际媒体称为“近年来最重要的全球变革”。而且发展成果惠及全球，它对世界金融、贸易格局产生了重要影响。在此背景下，为了营造国际化、法制化营商环境，进一步深化改革，我国提出了自贸区战略。本次带领学生游览体验南沙自贸区，是对改革开放的先行者——广东深厚改革开放的历史进行细细了解和认真研究。

二、游学景点介绍

南沙自贸区，是广州市的市辖区，面积约 783 平方千米，人口约 63 万。是 2015 年 3 月 24 日中共中央政治局审议通过成立的自贸区，位于广州市的最南端，是西江、北江、东江三江汇集之处，也是广州市唯一的一个出海通道。广州南沙自贸区有着良好的居住环境，那里高楼耸立，空气清新，是一个非常适合居住的地方，被誉为“广州的后花园”。作为中国自贸区，南沙还是一个购物的天堂，里面集聚了 80 多个国际知名品牌，品种丰富齐全，包括母婴用品、食品、烟酒类、化妆品，等等，应有尽有。与海淘和海外代购最大的不同是，自贸区内拥有多家跨境商品的自购体验中心，体验后再买，购物渠道规范透明，不用担心买到假货，是休闲购物的好地方。南沙自贸区同时拥有着非常丰富的旅游资源，交通便利。来到南沙，扑面而来的是浓浓的海滨气息，既有美丽的自然景色，又有具历史文化特色的人文景观，如南沙湿地公园、天后宫、南沙高尔夫球会等一大批旅游景点。南沙邮轮还开辟了多条海外的旅游航线，可以满足不同人群的需求，是旅游的胜地。因为特殊的地理位置和优厚的投资政策，南沙得到很多商人的青睐，著名的爱国商人霍英东，就希望在那里兴建一个 21 世纪的海滨新城。随着我国改革开放的不断深入，南沙有望发展成为以航运、物流、商贸、金融、旅游等为主体的综合服务区。南沙位于珠江三角洲的中心点，距离香港才一小时路程，因为距离相当近，成为连接港澳的纽带，是粤港澳一体化的示范区，也被誉为“香港园”。2013 年习近平主席提出“一带一路”的伟大构想，南沙自贸区也是国家“一带一路”重要支撑区，是“一国两制”实践示范区，可以说南沙自贸区是目前广东省环境最优美、地理位置最好的自贸区，南沙的未来将非常璀璨夺目。

南沙保税区

南沙保税区位于广州南沙区迪安路，主要进行保税仓储、国际贸易、出口加工以及与之相关的运输、金融、保险等业务。

跨境商品体验中心

从地铁4号线的金洲站出来，迎面见到的便是这家跨境商品体验中心，位于广州南沙区越秀·滨海隽城北侧，经营面积达1万多平方米，进驻的商铺有30多家，是广州最大型的跨境商品直购体验中心。

琳琅满目的进口商品

跨境商品体验中心里集聚了80多个国际知名品牌，品种丰富齐全，包括母婴用品、食品、烟酒类、化妆品，等等，应有尽有。

南沙高尔夫球场

南沙高尔夫球场位于南沙下湾区西街65号，依山而建，球道多不平坦，这样就增加了打球的难度，极具趣味性。球会还包括水陆两个练习场、室内网球馆、别墅客房等设施。

三、路线及门票

交通线路：地铁4号线蕉门站。

四、问题研讨

问题一：参观之后，你对南沙自贸区哪个区域最感兴趣？为什么？

问题二：改革开放政策实施以来，取得了巨大成就，但新问题还不断涌现，结合参观体验和社会实际，谈谈我国在全面深化改革的进程中面临哪些新挑战，该如何应对？作为大学生我们可以做些什么？

五、作业布置

请同学们参观完之后，完成一次作业。作业的形式多样，可以是调研报告、心得体会、微视频、摄影、绘画、诗词、书法或游记散文等。请于参观结束后两周内提交作业。

六、游学总结

广州南沙自贸区位于广州市南部，是广东的第一个自由贸易试验区，作为广东省面积最大、地理位置最优越、最被外界看好的自贸区，未来有望成为继上海之后另一个首屈一指的自贸区域经济体。通过带领学生游览体验南沙自贸区，体验改革开放后国家面貌发生的巨大变化，认识到中华民族的今天，是我们总结历史经验，不断艰辛探索，才找到了实现中华民族伟大复兴的正确道路，取得了举世瞩目的伟大成就。学生通过游学，了解了中国改革开放的原因、过程以及所取得的巨大成就，深刻地认识到当前中国保持社会稳定的重要意义，更加坚定了中国特色社会主义道路的自信，树立正确的世界观、人生观和价值观，应对复杂的社会现象，实现了把实践教学引入毛概教学体系中，从而实现教学预期目标。

实践教学中，学生充分发挥自己的主观能动性，或带着问题深入社会进行调查，如：中国为什么要实行改革开放？在南沙自贸区的参观中寻找答案，或通过各种途径搜集大量相关资料和信息，然后在资源共享的基础上进行充分交流、切磋以至争论，根据自己所掌握的材料和争论情况形成解释，对问题做出回答，最后通过集体交流和教师指导，修正答案，完成学习任务。这是一个搜寻、研究、调查、检验的过程，是一个求真的过程。游学过程中，学生的思维始终处于发散状态，不断地发现问题、思考问题、解决问题，提高了学生处理问题、自我学习的能力。通过游学，了解广州改革开放 40 多年来的人文、经济、社会的历史，增强大学生对广州的热爱，对祖国的热爱，珍惜现在，努力进取。正如习近平总书记在党的十九大报告中所述："青年兴则国家兴，青年强则国家强。青年一代有理想、有本领、有担当，国家就有前途，民族就有希望。中国梦是历史的、现实的，也是未来的，是我们这一代的，更是青年一代的。"不忘初心，牢记使命，相信在党的领导、人民的努力下，中国梦一定会实现！作为当代大学生，在国家面临着重要发展机遇的时刻，我们应该积极为中国梦的实现贡献自己的力量，为国家的发展添砖加瓦。